Dr. Sezen GÜNGÖR

BORSA JARGONU

BORSANIN VAHŞİ DOĞASI VE SAVAŞ ALANLARI

SERÜVEN
YAYINEVİ

Genel Yayın Yönetmeni / Editor in Chief • C. Cansın Selin Temana
Kapak & İç Tasarım / Cover & Interior Design • Serüven Yayınevi
Birinci Basım / First Edition • © Temmuz 2022
ISBN • 978-625-7721-95-0

Serüven Yayınevi / Serüven Publishing
Türkiye Adres / Turkey Address: Yalı Mahallesi İstikbal Caddesi No:6
Güzelbahçe / İZMİR
Telefon / Phone: 05437675765
web: www.seruvenyayinevi.com
e-mail: seruvenyayinevi@gmail.com

Baskı & Cilt / Printing & Volume
Sertifika / Certificate No: 47083

Dr. Sezen GÜNGÖR

BORSA JARGONU

BORSANIN VAHŞİ DOĞASI VE SAVAŞ ALANLARI

SERÜVEN
YAYINEVİ

İÇİNDEKİLER

Kızı olmaktan gurur duyduğum sevgili babam
Rahim GÜNGÖR'e

DR. SEZEN GÜNGÖR

1980 İstanbul doğumlu olan yazar, İstanbul Üniversitesi İşletme Fakültesinden 2007 yılında mezun olmuş, 2009 yılında İstanbul Üniversitesi İşletme İktisadı Enstitüsünde Master of Science in Finance programını tamamlamış ve 2017 yılında "Finansal Yatırım Kararlarında Genetik Etkiler: Duygusal Önyargılar Analizi" başlıklı çalışmasıyla Trakya Üniversitesi Sosyal Bilimler Enstitüsünden işletme doktoru unvanını almaya hak kazanmıştır. Çalışmalarında davranışsal finans ve yatırımcı davranışını esas alan yazar, yatırım davranışlarının psikolojik, nörolojik, genetik, sosyal ve kültürel temellerini araştırmaya odaklanmıştır.

Finansal piyasalarda meydana gelen anomalilerin geleneksel finans teorileriyle açıklanamadığı durumlarda davranışsal teorilerden söz edilmesi gerektiği, yatırımcıların her zaman her konuda rasyonel davranmayabileceği ve rasyonel olmayan davranışlar sergilemelerinin muhtemel olduğu konusunda yapılacak çalışmalara kaynak olması amacıyla "Davranışsal Finansta Yatırımcı Önyargıları" adlı kitabında, yatırımcı psikolojisini ve önyargılarını hedef alan yazar, "Genoekonomi" adlı ikinci kitabıyla yatırımcının genetik yapısının önemine değinmektedir.

Elinizdeki bu kitap ise borsayı el değmemiş ormanlardan piknik alanlarına çevirmeye çalışan medeniyete rağmen, borsanın vazgeçemediği vahşi doğasını konu alıyor ve ister duayen ister amatör olsun her yatırımcının bilmesi gereken kavramları açıklıyor.

ÖNSÖZ- HAYVAN RUHLARI

Beslenme, korunma, barınma ve üreme. Hayvanlarla ortak davranış dürtülerimiz bunlardan ibarettir. Bu dörtlü sacayağının hepsi kendi başına bir araştırma alanıdır. Fakat biz bu kitapta bu temel içgüdülerimizin finansal sonuçlarını değerlendirmeyi hedefliyoruz. Zira beslenmenin biyolojik bir aktivite olarak ele alınması biyologların veya sağlıkçıların, korunmanın bireysel ve toplumsal konfor alanımızı korumak için ortaya çıkardığı duygularımız asker ve polis gücü ile güvenlik uzmanlarının, barınmanın ortaya koyduğu beton yığınları inşaatçıların ve üremenin belgeli olup olmadığı anne babanın düşünmesi gereken şeylerdir. Biz hepsinin birlikte ele alındığı bir davranış örüntüsü olan finansal davranışla ilgileniyoruz. Kaldı ki bu dürtülerinizin sizi mecbur bıraktıklarını satın almak için de paraya ihtiyacınız var.

Tarih öncesinde insanlar, hayatta kalma stratejilerini geliştirmek için güçlü bir motivasyonasahip olmuşlardır. Kaynaklara erişim sağlamak ve tehlikelerden korunmak, hayatta kalmak için en temel öncelikler olarak görülmektedir. Ayrıca etkili bir akıl yürütme becerisi de grubun başarılı üyesi olabilmeleri adına kritik öneme sahiptir. Bu durum nörobilim ve bilişsel psikoloji araştırmaları ile açıkça bağlantılıdır ve finansal karar verme konusunda kapsamlı bir yaklaşım için temel oluşturmaktadır.

Yalnızca hayatta kalmak içgüdüsüyle hareket ederken bazen riskli seçimlere veya yanlış kararlara yönelmiş olabiliriz. Tarih boyunca böyle davrandık. Avcı toplayıcı insan avlanırken riskli seçimler yaptı, yanlış kararlar aldığındaysa ava giderken avlandı. Tek amacı ise hayatta kalmaktı ve bu amaca giderken her yol mubahtı. Üstelik başkasının avladığı hayvanı çalmak o zamanlar adliyelerde çözülen bir olay da değildi. Tıpkı sırtlanlar gibi... Ormanın kralının elinden avını çalmayı başaran bu hayvanla benzerliğimiz tarih öncesine dayanıyor gibi duruyor. Tilkinin kurnazlığı, köpeğin sadakati, kedinin nankörlüğü derken pek çok hayvanın belirgin özelliklerini kendi davranışlarımızla örtüştürmemiz işten bile değil. Hayatımızın her anında ve her alanında çok farklı davranışlar sergiliyor ve her davranışımızı hayvan dostlarımızla içselleştiriyoruz.

Hayvanlardan ödünç aldığımız dürtülerimiz piyasaları ve ekonomiyi yönlendiren içgüdüler veya duygulardır. Bunlar, tüketici güvenini besleyen soğuk rasyonel analizden ziyade psikolojik güçlerdir ve piyasadaki yükselişleri genişletmede ve düşüşleri derinleştirmede payı vardır.

Literatürdeki hemen her finans yayınında ayı ve boğa piyasalarından söz edilmiştir. Ayının avına aşağı doğru saldırması, boğanın ise avını yukarıya doğru fırlatmasından öteye geçmeyen açıklamalar ise bu hayvanların neden piyasanın başrol oyuncuları olduğunu açıklamakta yetersiz kalmaktadır. Üstelik sadece ayı ve boğa değil, oldukça fazla sayıda hayvan ismini finansal piyasalarda görüyoruz. Ancak nedenini sorgulamayı unutuyoruz.

Bu kitabın yazılmasında sıkı bir belgesel izleyicisi olmamın büyük etkisi var sanırım. Sevgili babamla izlediğimiz Serengeti düzlüklerinde çekilmiş belgeseller halen aklımdadır. Finansla ilgilenmeye başladığımdaysa özellikle borsa yatırımcılarının ekonominin tanımına layık davranışlarını bu belgeseldeki hayvanların davranışlarıyla örtüştürmem zor olmadı. Kıt kaynaklar olan az sayıdaki ceylanı sınırsız ihtiyaçlar olan yuvadaki yavrular için ilk önce avlayan kazanır.

PAVLOV'UN ZİLİ VE YATIRIMCININ SALYALARI

Hayvansal Güdülere Atfen

Pavlov'un zili borsa gonguna benzetilirse, piyasaya yeni giren hisse senedini ucuz fiyattan alıp birkaç gün sonra yüksek bir fiyata satabileceğini öngören yatırımcının ağzından akana ne denir?

Pavlov'a göre şartlı refleks bazı şartların bulunmasıyla gelişir ve o zamana kadar tesirsiz olan uyarıcılar organizma için tesirli hâle gelir. Her ne kadar Pavlov, davranışsalcılığı tenkit etse de onun deneyinin sonuçları, davranış bilimlerinin mihenk taşı olmayı başarmıştır. Üstelik insan davranışlarının hayvanlarla tutarlı yanlarını keşfeden araştırmaların artması ile birlikte, insanoğlunun primat atalarına benzerliği giderek ilgi odağı olmaya başlamıştır. Aslına bakarsanız bu durum yeni değildir. 1966 yılında Moskova'da toplanan 13. Uluslararası Psikoloji Kongresinin açılış konuşmasının Pavlov'un şu sözleri ile başlaması, kıt kaynaklarla sınırsız ihtiyaçları karşılama sanatı olarak ifade edilen ekonomide, insan davranışlarının hayvanlarla ne kadar benzer olduğunu gösterir: *"Biz hepimiz iyi dostuz, hatta birçok durumda birbirimize çok sıcak hislerle bağlıyız... Fakat savaş patlak verince hepimiz birbirimize karşı düşman kesiliriz... Ben bir Kurtuluş Savaşının büyüklüğünü anlayabilirim. Bununla beraber, insan zihninin sonsuz kaynaklarına layık olmayan savaş yolunun, hayat zorluklarını çözümlemek için aslında hayvanca bir yol olduğunu kimse inkâr edemez."*

Pavlov'un meşhur deneyini bilmeyen yoktur. 1849'da Riazan'da doğan ve Ortodoks bir papazın oğlu olan Pavlov, sinir sisteminin işleyişi konusundaki takıntılı çalışmalarını köpeği üzerinde yürüten, yine de hayvanlar üzerinde yapılacak aşırı deneyleri hoş göremeyerek amacın hayvana işkence edilmeden tıbba kurban edilebileceğini savunan bir fizyolojisttir. Meşhur deneyinde de kendi köpeği üzerinde çalışmış ve onu şartlı koşullanma konusunda âdeta eğitmiştir. Buna göre köpek ne zaman sahibinin çaldığı zili duysa, bu zilin ardından gelecek yemek olduğunu öğrenmiştir ve fizyolojik tepkisi ise salyalarıdır.

Peki, Pavlov'un köpeğinin, köpeğin salyalarının, yemeğin veya zilin ekonomiyle, finansla ve yatırımlarla ne ilgisi olabilir? Davranışsal finans ve davranışsal ekonomi bu durumun neresindedir? Yatırımcılar hangi açıdan bu denkleme dâhil edilebilir veya dâhil edilmesinde etik kaygılar var mıdır?

Kitabın yayınlanmasından sonra almayı göze aldığımız ilk tepki evrim teorisi ile ilgili olacaktır. Ardından yatırımcının kendisine hakaret edildiğini hissetmesi de olasıdır. Ancak tüm bu yargılardan sıyrılıp, **hayvansal güdülerimizin** bizi nasıl yönlendirdiğini öğrenmemiz gerekir.

George A. Akerlof ve Robert Shiller (2010), bir solukta okunacak roman tadında eserlerinde, hayvansal güdülerin insanın ekonomik davranışına etkisini incelerler. Hayvansal güdüleri beş farklı yönüyle ele alırlar: **güven, adalet, yolsuzluk ve sahtekârlık, para yanılsaması ve hikâyeler.** Ve yine hayvansal güdülerle açıklanabilecek sekiz soruyu belirlerler:

1. Ekonomiler niçin bunalıma girerler?

2. Merkez bankası yöneticilerinin ekonomi üzerinde niçin gücü (kullandıkları ölçüde) vardır? Mevcut finans krizi: Ne yapmalı?

3. Niçin iş bulamayan insanlar var?

4. Enflasyon ile işsizlik arasında niçin uzun vadeli bir ödünleşme var?

5. Gelecek için tasarruf etmek niçin bu kadar keyifli?

6. Finansal araç fiyatları ve kurumsal yatırımlar niçin bu kadar oynak?

7. Gayrimenkul piyasalarındaki konjonktürel dalgalanmalar niçin yaşanır?

8. Azınlıklar arasında neden özel bir yoksulluk var?

Güven

Eserde "güven" iktisatçılara göre rasyoneldir. Oysa insanlar "iyi" dönemlerde güven duyarlar. İnsanlar güven duydukça dışarı çıkar ve satın alırlar, güvensiz oldukları zamanlarda ise geri çekilir ve satarlar. Bu nedenle güven, karar verirken rasyonel bir tutum benimsemenin ötesine geçen bir davranıştır.

Kitaptaki anlatımdan farklı bir örnekle durumu açıklayacak olursak okurlarımıza şunu soralım; Sevdiğiniz bir şehirde eşiniz ve çocuklarınızla birlikte yaşıyorsunuz. Aniden meydana gelen bir doğa felaketi nedeniyle oturduğunuz ev yerle bir oluyor. Kendinizi ve ailenizi salimen sokağa çıkardığınızda tüm şehrin yıkıldığını ve sadece birkaç ailenin kurtulduğunu görüyorsunuz. Aradan zaman geçiyor ve kendinize yeni bir hayat kurmanız gerektiğini düşünüyorsunuz. Ama nerede?

Muhtemel sorularınız şunlar olacaktır:

1. Bu şehirde başka bir felaket olma olasılığı nedir?

2. Benden başka kimse evini tekrar buraya yapma kararı aldı mı?

3. En azından bir mahalle oluşturacak kadar bir yapılanma var mı? (Dükkân, komşular...)

Aynı durumu hisse senedi yatırımcısı için düşünelim...

Çok kıymet verdiğiniz bir hisse senedi yatırımınız var. Kıymet derken, sevgili amcanızdan kalan bir mirastan bahsetmiyoruz. Oldukça yüksek bir bedel ödediğiniz bir hisse senedinden söz ediyoruz. Peki, birdenbire bir şeyler ters gitti ve söz konusu hisse senedi şiddetli şekilde değer kaybetti. Bu hâlde muhtemel sorularınız şunlar olacaktır:

1. Aynı hisse senedini tekrar satın alırsam aynı fiyat düşüşüyle tekrar karşılaşma olasılığım nedir?

2. Benimle aynı durumda olan yatırımcıların kaçı aynı hisse senedini satın almaya karar verecek?

3. En azından fiyatı yükseltecek kadar (spekülatörler dâhil) satın alım gerçekleşecek mi?

Cevabını merak ettiğiniz bu sorulara siz cevap ararken piyasada neler olup bitiyor acaba? Örneğin çok güvendiğiniz bu yatırım, tamamen spekülatif amaçla mı değer kaybetti (ya da değeri bilerek mi düşürüldü) yoksa piyasada bir *"siyah kuğu"* mu var? Yoksa sizin saflığınızdan faydalanan birkaç spekülatör sizi avlamak için *"kurt sürüsü"* taktiği mi uyguladı? Başka bir deyişle *"kurt piyasası"* ile mi karşı karşıyasınız? Eğer bu doğruysa siz ve sizin gibi reaktif davranmaya çalışan mağdur yatırımcılar birer *"ceylan"* mı? Kurdun salyalarını görenler kimler?...

Adalet

Eserde *"adalet kaygısı"* çoğu ekonomik kararın önemli faktörlerinden biridir. Hem güven duygumuzla hem de birlikte etkin bir biçimde çalışma kabiliyetimizle ilgilidir. Günümüzde geçerli olan iktisat, adalete ilişkin belirsiz bir bakış açısına sahiptir.

NEOKLASİK İKTİSADA SORALIM; Yağmur yağdığında şemsiye fiyatları neden artar?

CEVAP; Arz-Talep Dengesi

CEVAPLANAMAYANLAR

• Satıcının maliyetinde bir artış mı oldu ki fiyatları arttırdı?

- Şemsiye üretimi durdu ve piyasadaki son şemsiyeleri mi satıyor?

- İnsanların zor durumda kalmalarını fırsata dönüştürmek krizi fırsata dönüştürmek ise

"Adalet nerede"?

Peki, sizler doğru yöneticilerle, yüksek finansal performans geçmişinizle, piyasada gıpta edilen üretim hacminiz ve kaliteli imajınızla, hisse senedi piyasasına girdiğinizde, *hisse senedinizin fiyatını belirleyen etkenler adil olacak mı?*

İlk halka arzlar konusunda literatürdeki çalışmalar incelendiğinde, çoğunlukla fiyat kazanç oranı (F/K) ve İndirgenmiş Nakit Akışları (İNA) değerleme yöntemlerinin veya bunlara benzer finansal analiz yöntemlerinin kullanıldığı görülmektedir. Ancak yapılan çalışmalar tahmin edilen değerlerin gerçekleşen piyasa fiyatları ile uyuşmadığını gösterir. Bu durumda alıcı ve satıcı arasındaki güven ve piyasadaki adalet kavramları, hayvansal güdülerle açıklanabilecek kadar kolay olabilir. *"Geyik piyasası"* desek doğru olur kanımca. Yani ilk alan ben olayım, ticaret başlar başlamaz satayım ki kaymağı ben toplayayım der gibi... Bir çeşit fırsatçı gibi, ama bu hızlı kâr etme dürtüsü geri teptiğinde ne olur? İşte o zaman bu yatırımcı *geyik yatırımcı* olur! Yağmur yağdığında şemsiye satmaya karar veren mi yoksa şemsiye satarken yağmur yağmaya başlayan mı daha çok kazanır? Şemsiyecinin salyasını görenler kimler?...

Yolsuzluk ve Sahtekârlık

Hayvansal güdülerde *"yolsuzluk ve sahtekârlık"* konusunda yapılan açıklamalar, biraz pazarlamadan biraz da psikolojiden esinlenir. Şöyle der: *Kapitalizm, insanların gerçekten ihtiyaç duydukları şeyleri üretmez, onların ihtiyaçları olduğunu düşündükleri ve karşılığında ödeme yapmaya istekli oldukları şeyleri üretir.* Örneğin insanlar gerçek ilaçlar için para ödemeye isteklilerse gerçek ilaçlar üretilir. Fakat ilaç niyetine satılan değersiz şeyler için ödeme yapmaya isteklilerse piyasa bu defa bu değersiz şeyleri üretir ki plasebo etkisi burada devreye girer. Bu durumda tüketiciyi koruyan birçok kanun, kurum ve kuruluş vardır. Ancak tüketicinin korunmasının özellikle gerektiği ve ancak zor olduğu bir alan vardır: "menkul kıymetler piyasası". Çünkü özellikle muhasebe sahtekârlığı yapıldığında menkul kıymet satışı değersiz ilaç satışına benzer. Sahte bir ilacı, aslında yapmayacağı bir şeyi yaptığını iddia ederek satmak ve insanları kandırmak nasıl mümkünse, muhasebe kayıtlarını tahrif etmek suretiyle hisse senedi, tahvil, emeklilik fonları veya kredilerle kandırmak da o şekilde mümkündür. Piyasadaki *"kurtlar"* da tam olarak böyledir. Maksimum getiriye giden her yol mubahtır.

Kurt sürülerinin gösterdikleri enteresan bir davranış modeli vardır. Buna göre sürünün en başında ve en sonunda genç ve kuvvetli olan grup üyeleri yürür, dişiler, yavrular ve zayıflar öncü ve artçı üyeler tarafından koruma altına alınır. Muhasebe hilesi yapılmış bir şirketin hisse senedi satışlarında da benzer bir davranış gözlenir. Şirket, kendini güçlü zanneden aşırı özgüvenli yatırımcıların hisse senetlerini önce alması ve en son satması sayesinde zavallı zayıf bünyesini korumaya alır. Ama bu hikâyedeki kurt kimdir, işte bu tartışılır...

Para Yanılsaması

Eserde geleneksel ekonomiye ters düşen bir başka kavram *"para yanılsamasıdır"*. Geleneksel iktisada göre para yanılsaması söz konusu olamaz, çünkü insanlar ekonomik kararlarını alırken rasyonel davranırlar ve rasyonel davranan kişi için paranın değeri, üzerinde yazılı olan itibari değerdir. Amerika'da halka açık yerlerde yazılı olan sigara ile ilgili cezaların yer aldığı duyuru: *"Sigara içmek yasaktır. Genel yasa, 272. bölüm, madde 43a. Cezası 10 güne kadar hapis veya 50 $ para cezasıdır."* Söz konusu uyarı yazısı para yanılsaması olarak bilinen olgunun örneğini oluşturur. Para yanılsaması, ekonomik kararlar alınırken, paraya itibari değerin dışında başka bir değer yüklendiğinde ortaya çıkar. Benzer bir durum hisse senetlerinin veya diğer menkul kıymetlerin üzerinde yazılı itibari değerleri ile piyasa değerleri arasında da söz konusudur. Yatırımcı yatırım kararını alırken itibari değerden daha çok menkul kıymete yüklediği değerle ilgilenir, tıpkı *"evcil bir köpeğin sahibinden dayak yemesine rağmen sahibini terk etmemesi"* gibi fazla anlam yüklediği hisse senedinden kopamaz ve ortaya yine para yanılsaması çıkar.

Hikâyeler

Sosyal psikologlar hikâyelerin ve hikâye anlatımının, insan bilgisinin temelini oluşturduğunu iddia eder. Özellikle ekonomiyle ilgili hikâyelerde önemli kaynaklardan biri politikacılardır. Örneğin Meksika'da 1976-1982 yılları arasında başkanlık yapan Lopez Portillo, seçim çalışmaları sırasında Meksika'da petrol rezervlerinin bulunduğunu, bu rezervin yaklaşık 200 milyar varil civarında olduğunu, bu sayede Suudi Arabistan'dan sonra dünyanın ikinci büyük petrol zengini olacağını halka duyurmuştur. Başkanlık dönemi boyunca da bu hikâyeler devam etmiştir. Evet, Meksika'da bir petrol rezervi vardı, ancak sadece 13 milyar varil civarındaydı. Fakat bu hikâye yine de Portillo'nun başkanlığı boyunca zengin bir ülkenin başkanıymış gibi davranmasını sağladı. Sonuç; toprağın altında var olduğunu iddia ettiği petrolü çıkartmak için çok yüksek dış borçlanma yaptı, enflasyon %100'ü aştı, işsizlik yükseldi, yolsuzluk ve aleni hırsızlıklar arttı... Nihayetinde Portillo hikâyeyi devam ettirdiği sürece keyfini çıkardı, kendi başkanlığı dönemindeki borç saltanatının faizlerini, kendinden sonraki başkana miras bıraktı.

İktisatçılar analizlerini hikâyelere dayandırmazlar, onlara göre rakamlar asıldır. Örneğin bir hisse senedinin fiyat tahmininde yapılacak şey finansal analizdir. Peki ya piyasaları bizzat hikâyeler yönetiyorsa? Artık hikâyeler yalnızca gerçekleri açıklamıyor, gerçeğin bizzat kendisidir. 1970'lerin Meksika'sını ve hatta çoğu ekonominin iniş çıkışlarını gerçek anlamda açıklamak için onları yönlendiren hikâyelere bakmak gerekiyor. Bir devletin veya bir şirketin hikâyelerle harikulade seviyelere gelmesi ve sonra sert bir düşüş yaşaması örneklerine tarihte sıkça rastlanır. Özellikle halka açık şirketlerin muhteşem CEO transferlerini kurtarıcımız geldi olarak lanse etmeleri ve piyasadaki hisse senetlerinin fiyat artışlarını sabırla izlemeleri, sonunda ise kusura bakmayın batıyoruz diyerek piyasa fiyatlarını dip yaptırmaları da hayvansal güdülerin hikâyelerle yönlendirilmesine örnek verilebilir.

PİYASALARIN VAHŞİ DOĞASI

Evrilebilmek veya evrilememek...

İşte bütün mesele bu!

Tarih öncesinden beri insanoğlunun yapmaya çalıştığı şey hayvanları taklit etmekten öteye geçmedi. Koşarken çita gibi koşmayı hayal ettik. Uçmayı hayal eden ilk kişi kuşları örnek aldı. Biraz kurnaz davranınca tilki dediler, düşünceliyken baykuş, çok çalışınca karınca veya arı, biraz rahatı sevince de ağustos böceği dediler. Ne yaparsak hep bir hayvanın davranışı ile özdeşleşti yaptığımız şey.

Sadece davranışlarımız olsa iyi ama genetik olarak da onlara çok benzediğimiz su götürmez bir gerçek. İnsan DNA'sı ile şempanze DNA'sı arasındaki benzerlik tam olarak %98. Onlarda olup bizde olmayan veya bizde olup onlarda olmayan tek bir kemik bile yok. Diğer primatlarla benzerliklerimiz ise farklı düzeylerde. Üstelik yavaş yavaş onların da alet kullanma becerileri kazandıkları ve teknolojiyi keşfettiklerine yönelik bazı araştırmalar var. Bir grup kıyı maymununun deniz kabuklularını yemek için farklı taşlar kullandıklarına dair çalışmalar görmeye başladık bu aralar. Taşların keskin taraflarıyla deniz kabuklusunu yapıştığı yerden çıkartmayı, taşların diğer yanlarıyla da bu kabukluyu kırmayı öğrenmiş görünüyorlar. Hatta bu maymunların, bulundukları bölgedeki deniz kabuklusu nüfusunu giderek azalttıkları ve ekolojik dengeyi olumsuz etkiledikleri yönünde bilgiler mevcut. Aynı soydan bir başka maymun türünde ise çeşitli beden dili yöntemleri kullanarak birbirleriyle iletişim kurdukları keşfedildi. Örneğin anne maymun yavrusuna ayağının altını gösteriyorsa yavrusuna sırtına çıkmasını söylemiş olur. Bir dişi maymun ağaç yapraklarını çıtırdatarak kırmaya başladıysa çiftleşmeye hazır olduğunu göstermiş olur.

Köpekbalıkları ile ilgili de bir davranış öğrenme durumu var. Bahamalar, Fiji, Filipinler gibi tatil bölgelerinde, elle köpekbalığı beslemek serbesttir. Bir profesyonel dalgıç ve korunaklı giysiler, dünyanın en acımasız yırtıcılarından birini ellerinizle beslemeniz için yeterlidir. Grup lideri sol eliyle hayvanı sakinleştirmeye çalışırken sağ eliyle, sırtında sakladığı çantasından yemi çıkarır ve hayvanı besler. Genelde dalgıç bu davranışı sağ kalçasının olduğu bölgeden sırtına uzanarak yapar ve kuma oturmuş pozisyonda durur. Buraya kadar her şey normal gözüküyor. Ancak bu tatil yörelerinde köpekbalığı saldırılarının artması ve kurbanların genellikle sağ kalçalarından yara almaları araştırmacıları detaylı incelemeler yapmaya itmiştir. Sonuçlar ilginçtir: köpekbalıkları, kurbanlarını kendilerine yem veren dalgıçlara benzetir ve aslında tek istedikleri yemi almaktır. Enteresan biçimde yemin nerede olduğunu da ezberlemişlerdir.

Belki de atalarımızın evrimi devam ediyordur ve bize benzeyen ama bizden tuhaf şekilde farklı canlılar görürüz birkaç yüzyıl sonra. Gerçi biz Covid19 sayesinde hayvanların davranış değişimlerini daha sık duyar olduk. İnsanların kirletmeyi ertelediği günlerde dünyamız kendini yenilemeye başladı. Şehirlerin içindeki derin sularda, Venedik'te, Marmara Denizinde, ABD'nin hemen her nehrinde ve dünyanın birçok farklı bölgesinde hayvanların asıl evlerine döndüklerini ve biz yokken daha mutlu olduklarını gördük. Aslına bakarsanız onlara o kadar muhtacız ki! Çocuklarımızı eğlendirmek için gittiğimiz hayvanat bahçelerinde, karpuzun ağaçta yetişmediğini öğrenmeleri için onları götürdüğümüz hobi bahçelerinde, sosyal medya hesabımıza fotoğraf yüklemek için gittiğimiz Afrika Safarilerinde, zihinsel, bedensel ve psişik rahatsızlıkların eğitimli yunuslarla tedavisinde (dolphin-therapy.org), şifa için gittiğimiz turistik seyahatlerde (Erol, 2021), protein ihtiyacımızdan tutun da arkadaşlık gereksinimlerimize kadar hayatımızın her anında ve her noktasında onlara ihtiyacımız var. Bu evrim süreci devam ediyor. Gelecekte daha dost canlısı ayılara, tek eşlilikleriyle bilinen penguenlerin nikâh törenlerine, doğum gününü kutlayan kelebeklere, uçabildiğini keşfeden tavuklara, paylaşmayı öğrenen kurtlara, toplum arasında daha az çığlık atmayı öğrenen domuzlara rastlarsak şaşırmayacağım.

Köpeklerin o öğünlerinde yiyemeyecekleri kemiklerini toprağa saklamaları ve sincapların ağızlarını tıka basa fıstıkla doldurmaları ise hayvanlar âleminin, geleceği düşünme kaygısını gösteriyor olabilir. Bir de kargaların para çalma hikâyeleri meşhurdur. Hindistan'da bir şeyler çalmak üzere eğitilmiş maymunların olduğu söylemlerinden sonra, hayvanlar âleminin ikinci hırsızları kargalardır. Sevgiliye yazılan mektubu taşıyan posta güvercinleri, denize düşen cep telefonunu sahibine getiren emanetçi yunuslar, düz bir teli bükerek bir kabın içerisinden yiyeceği çıkartmaya çalışan usta kargalar, yavrusunu sağlık ocağına ağzında taşıyarak getiren kedi, yaya geçidinde yeşil ışığı bekleyen köpek ve daha niceleri, insanlarla benzer davranışlar gösteriyor. Bu noktada asıl soru şudur: *Biz mi hayvanları örnek alıyoruz yoksa onlar mı bizi taklit ediyor?*

Onlarla ortak noktamız hayatta kalma içgüdüsüdür. Yani Maslow'un piramidindeki ilk basamak asıldır. Tüm canlılar hayatta kalmaya çalışır ve bunun ilk şartı fizyolojik ihtiyaçları gidermektir. Yemek fizyolojik bir ihtiyaçtır, peki bu yemek karşılığında hatırı sayılır bir hesap ödemek hangi ihtiyacı giderir. Güvenlik bir ihtiyaçtır ve yuvalarımız (hem bizim hem de hayvanların) bu ihtiyacı giderir. Peki, etrafımızdaki seksen katlı rezidanslar veya bir dönüme yayılmış villalar hangi ihtiyacı gideriyor. İşte insanlar bu noktada hayvanlardan ayrışmaya başlar. Bu noktadan sonra artık para konuşur.

Bu kitabın temel konusu ise bu noktada başlar. 21. yy'da hâlâ hayvansal içgüdülerimizden kurtulamadığımız için mi sergilediğimiz her davranışı onlara benzetiyoruz? Piyasaların adlarını neden hayvan isimleriyle süslüyoruz? Metaforlarda, teorilerde, paradokslarda, kısacası hemen her yerde hayvan isimleri kullanıyoruz. Aslına bakarsanız kitabın amacı piyasada karşı karşıya kaldığımız ve geleneksel ekonomiyle, geleneksel finans teorileriyle, temel analizle veya teknik analizle açıklayamadığımız insan ve piyasa davranışlarını hayvansal benzetmeler yoluyla açıklamaktır. İşletme okullarının ilk finansal piyasalar dersinde duyulan *"ayı ve boğa piyasaları"* en bilinen örneklerdir. Ama finans jargonu bununla bitmez. Bakalım daha neler göreceğiz???

AYI VE BOĞAYA BAKIŞ

Borsa tiyatrosunun başkarakterleri *ayı* ve *boğalardır* şüphesiz. Boğa ve ayı, temelde piyasa duyarlılığını gösteren terimlerdir. Borsa jargonunda iyi bilinen bu iki terimin kökenine ait pek çok şehir efsanesi vardır. Bir varsayım bu iki hayvanın düşmanlarına saldırırken kullandıkları vücut dillerinden bahseder. Boğalar boynuzlarını yukarı doğru hareket ettirir, amaçları düşmanı havaya fırlatmaktır. Ayılar ise pençelerini aşağıya doğru tutar ve amaçları düşmanı yere yapıştırmaktır. İkisi de korkunç görünse bile önemli olan her ikisinin karşısına da düşman olarak çıkmamayı öğrenmenizdir. Bunu neden söylüyoruz? Şunun için;

Fiyatların yükseleceğine inanan ve dolayısıyla hisse senedi satın alan iyimser boğa piyasasında satış yapmak veya fiyatların düşeceğine inanan ve dolayısıyla hisse senedi satmak için doğru zaman olduğunu düşünen ayı piyasasında alış yapmak, yel değirmenleriyle savaşmaktan çok, ayı ve boğaya karşı gelmek olur ve bu hayvanlar sizi düşman olarak göreceklerdir!...

Başka bir hikâye boğaların ve ayıların kökeninin Baring ailesi ve Bullstrodes aileleriyle ilişkili olduğunu öne sürer. Bu aileler, Avrupa'nın önde gelen tüccar ve bankacı aileleridir. Ancak bu hikâye pek olası görünmemektedir. Çünkü ayı terimini çağrıştırdığı düşünülen Baring ailesinin şirketi "Baring Brothers" kurulmadan çok önce bile bu terim kullanılmaktaydı.

Bir başka hikâyede bir zamanlar ayı ve boğaların aynı arenada dövüştürülmesine dayanır. ABD'de altına hücum döneminde yaygın olan bu kanlı spor neyse ki artık yapılmıyor. Ancak bu iki hayvanın sembolik güçleri, finansal piyasalarda karşılığını bulmuş gibi gözüküyor.

Ayı teriminin doğuşuna dair en akla yatkın hikâye, 18. yy. başlarındaki Londra Menkul Kıymetler Borsası'na ve bu borsada faaliyet gösteren ayı postu işçilerine kadar dayanır. Etimologlar, *"ayı yakalamadan önce ayının postunu satmanın"* akıllıca olmayacağına işaret eder. Ayı postu terimi zamanla ayı postu satmak, ayı postu satın almak şeklinde anlamlandırılmış, nihayetinde bu alım satımı yapan kişiye atıfta bulunarak ayı postu işçisi terimine dönüşmüştür. Aslında bir insana ayı yakıştırması yapmak hoş değildir, ama kısaltmalar bitmemiş ve nihayet ayı postu işçisine ayı denmeye başlanmıştır. Piyasa açısından ise bu tanım, spekülasyon amaçlı hisse senedi satışını tanımlamak için kullanılmıştır. Aslında gayet saf duygularla piyasa ticaretini tanımlayan "ayı" kelimesine ilk edebi referans, 1709'da İngiliz bir yayıncı olan Richard Steele'den gelir (Dammers, 1982). Steele kendi yayınladığı The Tatler dergisinde yazdığı bir denemesinde ayıyı, hayali bir nesneye gerçek bir değer veren kişi olarak tanımlar. 1726'da Daniel Defoe ise *The Political History of the Devil-Şeytanın Siyasi Tarihi* (Sill, 2005) adlı kitabında "ayı"ya atıf yapmıştır: *"her ikiyüzlünün, her sahte arkadaşın, her gizli hilenin ve her ayı işçisinin bir şeytantırnağı vardır"*.

Aslında ayıya yapılan bu atıflar tesadüfi değildir. İngiltere'de yaşanan Güney Denizi Balonu skandalı ile yakından ilişkilidir. Güney Denizi Şirketi, 18. Yüzyıl'da Güney Amerika'da faaliyet gösteren İngiliz kökenli bir şirkettir. Şirket 1711'de, Yeni Dünyadaki İspanyol kolonileri ile ticaret yapmak amacıyla kurulmuş, İspanya Veraset Savaşı esnasında imzalanan bir anlaşmayla İspanya'nın Güney Amerika kolonilerinde tekel konumuna gelmiştir. Güney Denizi Şirketinin hisselerine yatırım yapılmasını özendiren ise bizzat hükümettir (dönemin maliye bakanı tarafından kurulmuş olmasının bunda etkisi olabilir!). Üstüne bir de Güney Amerika ticaretinin potansiyel değeriyle ilgili söylentiler ve yatırımcıya yapılan bu çağrılar amacına ulaşmış ve şirketin hisse değerleri çılgınca artmış, 1720 Ağustos ayında 1.000 sterlinin üzerine çıkmıştır. Hissedarlar ciddi getiriler elde etmeye başlamıştır. Al gülüm ver gülüm oyununa benzeyen şirket ve hükümet arasındaki bu ilişki, şirketin 1720'de İngiltere'nin tüm savaş borcunu üstlenmesi ile noktalanmıştır. Balon patlamış, hisseler 150 sterline düşmüş, şirketin hisseleri üzerinde oynanan bu spekülatif tahribat, 1720 yılında finansal bir yıkıma neden olmuş, bu yıkıma ise "Güney Denizi Balonu" denmiştir (Shea, 2006).

Bu yıkım kimleri vurmadı ki... Yerçekimini ispatlayan Isaac Newton'dan ünlü İngiliz şair Alexander Pope'ye, Robinson Crusoe'nun yazarı Daniel Defoe'ye, Gulliver'in Maceralarının yazarı Jonathan Swift'e kadar pek çok tanınmış isim bu balondan nasibini aldı ve adeta finansal bir bozguna uğradılar.

Defoe, 1726'da Güney Denizi Balonu için şunları yazmıştır: *Güney Denizi Felaketi, en zeki insanların bile başlarına iş açabilen şeyin kendi açgözlülükleri ve bunun gizli dışavurumları olan kurnazlıkları olduğunda örnek verilebilir.*

Alexander Pope de nihayet duygularını yansıtan bir şiir bile yazmıştır:

Güney Denizinin Laneti:

Zekâ ve güzellik bile büyümek için yetersiz,

Hiçbir gemi boşaltılmıyor, hiçbir tezgâh çalışmıyor,

Hepsi lanet olası Güney Denizi tarafından yutuldu.

Şimdi asıl soru şudur: Bu balonu şişiren nefes kime ait? Yatırımcılar batarken şirketin kendini toparlayıp 100 yıl daha faaliyet göstermesi de ciddi bir paradoks gibi görünüyor.

Aslına bakarsanız Güney Denizi Balonunun şişmeye başladığı dönem tam bir boğa piyasasıdır. Ancak boğanın boynuzları, yatırımcısını inanılmaz yükseklere fırlatmış, sonunda ise malumun ilanı ile sert şekilde yere düşürmüştür. Oysa boğanın piyasalarda daha olumlu bir çağrışım yaptığı düşünülür. Nitekim boğa piyasası yükselişte olan ve olumlu sinyaller gönderen bir piyasadır. Bir boğa piyasası ve bir boğa spekülatörü, hisse senedi fiyatlarında artış beklentisiyle yapılan spekülatif alımları ifade eder. Dönemin en önemli yazarlarının bile farkına varmadan spekülatör rolü oynadıkları Güney Denizi Balonunda olduğu gibi...

FİNANSAL PİYASALARDA KULLANILAN HAYVAN METAFORLARI

Finansal piyasalar neden hayvan isimlerine atıf veriyor? Borsa jargonu neden kendisine hayvanlar âleminden terimler buluyor? Hayvan isimleri ile anılan yatırımcı mı, piyasa mı yoksa yatırımın bizzat kendisi mi?

Tüm bu sorular kafanızın içinde dolaşıyorsa doğru kitabı satın aldınız demektir. Çünkü genel olarak finansal piyasalarda kullanılan hayvan isimlerinin bir arada bulunduğu ve ayrıntılı şekilde açıklandığı bu kitap "merak edenleri" düşünmeye sevk etmek için yazıldı.

Ayılar, boğalar, kelebekler, devekuşları, tavuklar, şahinler, kurtlar... Bir kısmını sadece belgesellerde gördüğümüz bu hayvanlar aslında hayatımızın tam ortasındalar. Paramızı nasıl yönettiğimizden riske karşı tutumumuza, neye yatırım yaptığımızdan yatırımlarımızın vadesine kadar hemen her konuda bir hayvan terimine rastlamak mümkündür. Aslına bakarsanız Amerika'yı yeniden keşfetmiyoruz. Günlük hayatımızda da pek çok davranış modeli hayvan isimleriyle anılmaktadır. Ancak ele geçirmeye çalıştığımız fakat bizi ele geçirdiğini fark edemediğimiz piyasalardaki davranışlarımızın terminolojisinde hayvan isimlerine rastlamaya yeni başladık. Özellikle borsada "oynamaya" yeni başlayanlar bu terimlerle muhtemelen hiç karşılaşmadılar. Onlar finans haberlerini ilk kez izlediklerinde Wall Street veya Borsa İstanbul'u bir piyasadan çok bir hayvan geçit töreni olarak görebilirler. Aslına bakılırsa pek haksız da sayılmazlar. Kurtlar sofrası olarak bilinen finansal piyasalarda çiçek isimlerinin jargona girmeyeceği açıktır.

Günümüz borsalarının bir "forest" mı yoksa bir "jungle" mı olduğu henüz kesinlik kazanmamıştır. Ancak terminolojide hem evcil hem de yırtıcı hayvan isimleri olduğu gibi efsanevi hayvan isimlerine de rastlanmaktadır. Tek boynuzlu atlar, siyah kuğular, beyaz filler bunlardandır.

Piyasalarda her davranış bir resimdir. Finansal analistler bu resmi grafikler ve fiyat formasyonları olarak görür. Bazıları da piyasanın ve yatırımcının davranışına yoğunlaşır ve yatırımcı davranışının çözümlenmesi ile piyasa davranışının çözümleneceğini düşünür. Belki de artık temel ve teknik analizlere bir yenisi daha eklemenin zamanı gelmiştir.

Piyasalarda adından en sık söz ettiren hayvanlar ayılar ve boğalardır. Genel olarak ayı piyasalarını düşüş trendiyle, boğa piyasalarını ise yükseliş trendiyle ilişkilendirebiliriz. Yine en genel ifadelerle boğa ve ayı piyasaları genellikle dört aşamadan oluşan ekonomik döngü ile örtüşür: genişleme, zirve, daralma ve dip. Ama inanın bu kadarla bitmez. Bu iki hayvan piyasaları ele geçirmiş durumdadır. Ancak isimlerini sık sık duyduğumuz başka hayvanlar da vardır. Gelin hepsine tek tek bakalım.

AYININ PENÇESİ

Onu görmeniz sıkıntı değildir, ama o sizi görürse durum farklılaşır. Bazıları ölü taklidi yapmamızı önerir, bazıları da "onunla ilgilenme, kendi haline bırak" derler. En doğrusu ise ayıyla karşılaşma ihtimaliniz olan bir ormana gidiyorsanız yanınıza ayı spreyi almanız olacaktır.

Açıkçası ben doğal ortamında ayı görmeyi hiç tecrübe etmedim. Benim gördüklerimin dünyasını benim dünyamdan ayıran parmaklıklar vardı. Dolayısıyla bana zarar vereceklerini düşünmedim. Peki, benim dünyamda, davranışları açısından bu hayvanınkilere benzer davranışlar gösteren insanlar var mı?

Doğal ortamlarına girmediğiniz sürece bir ayıyla karşılaşma olasılığınız düşük olsa da borsada ayı piyasası ile karşılaşmanız oldukça olasıdır. Ekonomi terimleri ile açıklayacak olursak, arz miktarının talep miktarını aştığı durumda ortaya çıkan mal fazlalığı, malın fiyatında düşüş ile sonuçlanır. Hisse senedi piyasasında da satıcı sayısı, alıcı sayısını aşarsa, söz konusu hisse senedinin fiyatı düşme eğilimine girer. Ancak her fiyat düşüşü ayı piyasası anlamına gelmeyecektir. Üzerinde anlaşılan bir ayı piyasası süresi 18 aydır. Bundan daha kısa dönemlerdeki fiyat düşüşlerine "geri çekilme", "düzeltme" vs. denebilir. Özellikle de hisse senedinde pik değerinden yaklaşık %20'lik bir düşüş gözleniyorsa, bir ayı piyasası ile karşılaşmış olma olasılığınız yüksektir.

Ayı piyasasında yatırımcının davranış şekli ise düşükken al yükseldiğinde sat şeklindedir. Ayı piyasasının nimeti olan düşük hisse senedi fiyatlarında piyasadaki hisseleri ele geçirmek, doğru zamanı bekleyerek fiyatlar yükseldiğinde satmak doğru bir hareket olacaktır. Ancak kısır döngü burada başlar. Düşük olan fiyatlar söz konusu iken daha fazla alım yapmak, fiyatları yükseltmeye başlayacaktır. Fiyatların yükselme eğilimine girmesi ise "sat" emrini akla getirir. Bu noktada erken kalkan yol alır. Yani en düşük fiyatları yakalamak ve bu fiyattan alım yapmak, ardından sabırlı davranarak fiyatların yükselişini beklemek ve en yüksek fiyatı yakaladığında satış yapmak akıllı yatırımcının işidir.

Borsada bazen işler rutinden çıkar, büyük balığın küçük balığı yuttuğu gibi büyük şirketler küçük şirketleri devralır. Böyle bir devralma durumunda "*ayı kucaklaması*" tabiri kullanılır. Ayı kucaklaması genellikle hedefteki şirketin yönetiminin, bu devralmayı kabullenmek zorunda bırakılmasına yol açacak büyük prim teklifleri sırasında görülür. Yani küçük şirkete reddedemeyeceği bir prim teklifi yapılır ve büyük şirkete devrolmaya adeta mecbur kalır.

Bu vahşi hayvanla ilgili terimler oldukça fazla çeşitlenmiştir. Örneğin *ayı tuzağı*, bir hisse senedinin, endeksin veya başka bir finansal aracın fiyat hareketi yanlış bir şekilde, düşüş eğiliminden yükseliş eğilimine dönüş sinyali verdiğinde ortaya çıkan teknik bir kalıptır. Teknik bir analist, kurumsal yatırımcıların, perakende yatırımcıları uzun pozisyon almaya teşvik etmenin bir yolu olarak ayı tuzakları yaratmaya çalıştıklarını söyleyebilir.

Ayı tuzağı, şüphelenmeyen yatırımcıları cezbedebilecek bir düşüşten sonra bir yükselişi gösteren yanlış bir teknik göstergedir. Bunlar, hisse senetleri, vadeli işlemler, tahviller ve para birimleri dahil olmak üzere her türlü varlık piyasasında meydana gelebilir.

Ayı tuzağı genellikle, piyasa katılımcılarının açığa satış yapmasına neden olan bir düşüş tarafından tetiklenir, bu da daha sonra katılımcıların kısa pozisyonları kapatması gerektiğinde bir tersine dönüşle değer kaybetmesine neden olur.

Bazı piyasalarda, hisse senedi satın almak isteyen çok sayıda yatırımcı olabilir ancak tekliflerini kabul etmeye istekli çok az satıcı olabilir. Bu durumda, alıcılar tekliflerini, yani hisse senedi için ödemeye hazır oldukları fiyatı artırabilirler. Bu muhtemelen piyasaya daha fazla satıcı çekecek ve alım ve satım baskısı arasındaki dengesizlik nedeniyle piyasa daha yüksek hareket edecektir. Bununla birlikte, yatırımcılar hisse senetleri satın aldıklarında, bu hisse senedi üzerinde otomatik olarak satış baskısı oluştururlar çünkü yatırımcılar yalnızca sattıklarında kâr elde ederler. Talebi artırmak ve hisse senedi fiyatlarının yükselmesini sağlamak için kurumlar, piyasaların düşüş eğiliminde görünmesi için fiyatları aşağı çekebilir. Bu, acemi yatırımcıların hisse senedi satmasına neden olur. Hisse senedi düştüğünde, yatırımcılar piyasaya geri döner ve talepteki artışla hisse senedi fiyatları yükselir. Bu arz talep oyunu ayı tuzağı şeklinde kendini gösterir.

Bir ayı tuzağı, bir piyasa katılımcısının bir finansal aracın değerinde bir düşüş beklemesini sağlayarak varlık üzerinde kısa pozisyon yürütülmesine neden olabilir. Ancak bu senaryoda varlığın değeri sabit kalır veya yükselirse katılımcı zarara uğrar.

Piyasa katılımcıları, piyasa eğilimlerini analiz etmek ve yatırım stratejilerini değerlendirmek için genellikle teknik kalıplara güvenirler. Teknikçiler, Fibonacci düzeltmeleri, göreceli güç osilatörleri ve hacim göstergelerini içeren çeşitli analitik araçlar kullanarak ayı tuzaklarını belirlemeye ve bunlardan kaçınmaya çalışır. Bu araçlar, yatırımcıların bir menkul kıymetin mevcut fiyat eğiliminin meşru ve sürdürülebilir olup olmadığını anlamasına ve tahmin etmesine yardımcı olabilir.

Ayı yayılımı da bu vahşi hayvandan esinlenilmiş bir kavramdır. Ayı yayılması, bir yatırımcının dayanak varlığın fiyatında ılımlı bir düşüş beklediğinde kullanılan bir düşüş opsiyonu stratejisidir. Bir yatırımcının başlatabileceği iki tür ayı yayılımı vardır: bir ayı satış yayılımı ve bir de ayı alış yayılımı. Strateji, aynı sona erme tarihine sahip ancak farklı kullanım fiyatlarında aynı temel sözleşme için satım veya alımların aynı anda alım satımını içerir. Dayanak varlık daha düşük kullanım fiyatında veya altında kapanırsa, ayı yayılımları maksimum kâr sağlar. Satışlar, yatırımcıların bir opsiyonun dayanak varlığını, opsiyonun süresi dolana kadar belirlenmiş bir kullanım fiyatından satmalarına izin verir; alışlar ise yatırımcının, opsiyonun süresi dolana kadar varlığı belirlenen fiyattan satın almasına izin verir.

Ayı satış yayılımının genel stratejisi, daha yüksek bir kullanım fiyatından satın almak ve ardından daha düşük bir piyasa satış fiyatında satmaktır; amaç, hisse senedinin düşüşünü izlemek ve vade sonundaki düşük kullanım fiyatına eşit veya daha yüksek herhangi bir noktada kapatmaktır. Hisse senedi daha düşük kullanım fiyatında veya altında kapanırsa, yatırımcı, kullanım fiyatları arasındaki farktan, başlangıçta ödenen primin çıkarılmasıyla kâr eder.

Yatırımcılar bir alım opsiyonu satabilir ve aynı zamanda aynı referans varlık için başka bir alım opsiyonu satın alabilirler. Aradaki fark, satılan (kısa) opsiyonda tanımlanan fiyattan daha yüksek bir fiyatla (uzun) bir alım opsiyonu satın almalarıdır. Ayı alım yayılma stratejisini uygularken, yatırımcı, dayanak varlığın fiyatının tanımlanan süre boyunca düşmesini bekler.

Bir yatırımcının bir ayı yayılımı gerçekleştirmesi için ana itici güç, temel menkul kıymette kayda değer bir şekilde olmasa da bir düşüş beklemeleri ve bundan kâr elde etmek veya mevcut pozisyonlarını korumak istemeleridir.

Ayı yayılımları her piyasa koşulu için uygun değildir. Ayı yayılımı en iyi, dayanak varlığın orta derecede düştüğü ve büyük fiyat sıçramaları yapmadığı piyasalarda çalışırlar. Ayrıca, ayı yayılımları potansiyel kayıpları sınırlarken, olası kazançları da sınırlandırır.

Ayı kucaklaması, bu sevimli ve bir o kadar da korkutucu hayvan adına atfedilmiş bir diğer finansal kavramdır. Aslına bakarsanız bu kavram en çok ayıya yakışır. Sebebine gelince ayı kucaklaması, bir şirketi, yönetim kurulunun onayı olmadan halka açıklanmış, hisse senetlerinin piyasa fiyatından yüksek bir fiyatla satın almak için yapılan gayri resmi bir tekliftir. Hedef şirket bir ayı kucaklaşmasını kabul etmezse, yönetim kurulu seçimlerinde dava edilme veya itiraz edilme riskiyle karşı karşıya kalır. Ödenmemiş hisseler için bir ihale teklifi olmadan, bir ayı kucaklaması, teklif sahibinin şirketi belirtilen fiyattan satın alacağının garantisi değildir.

Ayı kucaklaması, bu tür tekliflerin gücünü ve davetsiz doğasını anlatır. Hedefteki şirketin piyasa değerinin çok üzerinde bir fiyat teklif ederek, ayı kucaklaması yapan teklif sahibi, satın alma hedefinin yönetim kurulunun reddetmesini zorlaştırır.

Ayı kucaklaşması olarak nitelendirilmesi için, satın alma teklifinin hedef şirketin hisse senedinin piyasa değerine anlamlı bir prim sunması gerekir.

Şirket yönetim kurullarının, şirketin ve hissedarlarının çıkarları doğrultusunda hareket etme konusunda güvene dayalı bir görevi olduğundan, zengin bir primi reddetmek davaları, vekâlet yarışmalarını ve diğer hissedar aktivizmi biçimlerini riske atar.

BOĞANIN BOYNUZU

Hepimizin bildiği, televizyonlarda izlerken (umarım bizzat katılmamışsınızdır) çoğu kez "yazık bu hayvanlara" dediğimiz boğa güreşlerinde, matadorların havaya atılışlarını aklımdan çıkaramıyorum. Aslında burada kime yazık onu da pek bilemiyorum. Suçlu boğalar mı yoksa matadorlar mı?

Yoksa gerçek suçluyu organizasyonu yapan kişilerin içinde mi arasak?

Bu sözde yarışmalarda bizi ilgilendiren boğanın davranışıdır. Tanışmak istemeyeceğiniz boynuzları, düşmanı yukarıya fırlatmak üzere evrilmiştir. Karşısında durmaya cesaretiniz varsa gözünüz yükseklerde denebilir. Saniyeler içinde sizi havaya fırlatabilir.

Piyasaların en gözde yapılarından birinin adı da bu güçlü hayvandan gelir. Basitçe ifade etmek gerekirse borsa jargonunda boğa, fiyat artışı beklentisiyle menkul kıymet satın alan veya eylemleri yukarı yönlü bir grafiğe neden olan (söz konusu menkul kıymetin fiyatını yükselten!) kişidir. Aslına bakarsanız hemen hemen tüm finans literatürü boğayı piyasa olarak tanımlar. Ancak bir davranışsal finans uzmanı olarak ve "insan yoksa piyasa yoktur" mottoma bağlı kalarak ben boğaya kişi demeyi tercih ediyorum.

Spekülatif amaçla yapılan satın alma davranışının altında yatan sebep, menkul kıymetin fiyatında yükseliş beklentisidir. Bu noktada sorulması gereken soru şudur: gözü yüksekte olan menkul kıymet midir yoksa yatırımcı mı? Faaliyetleri düzenli şekilde büyüyen bir şirketin hisse senetlerinin fiyatları uzun dönemde zaten yükseliş eğiliminde olacağından, spekülatif amaçla yapılan bir işlemde gözü yüksekte olanın yatırımcı olduğu açıktır. Ama ani yükselişlerin ani çöküşleri hızlandırması da bilinen bir gerçektir.

Boğa piyasaları, iyimserlik, yatırımcı güveni ve güçlü sonuçların uzun bir süre devam etmesi gerektiği beklentileri ile karakterize edilir. Piyasadaki eğilimlerin ne zaman değişebileceğini tutarlı bir şekilde tahmin etmek zordur. Zorluğun bir kısmı, psikolojik etkilerin ve spekülasyonların bazen piyasalarda büyük bir rol oynayabilmesidir.

Bir boğa piyasasında, hisse senetleri fiyatları belirli bir süre boyunca artış eğilimdedir. Bu süre haftalar, aylar veya yıllar olabilir. Tipik olarak bir boğa piyasasının ortalama uzunluğu 97 aydır. Ancak bunun kesin bir terim olmadığını da belirtmek gerekir. Aralık 2011'den Mart 2015'e kadar olan dönem, Hindistan piyasası için yükseliş dönemi olarak kabul edilmektedir ve tam bir boğa görüntüsü vardır. Sensex bu dönemde %98'den fazla büyümüştür.

Eğer bir piyasada alıcı sayısı satıcı sayısından yüksekse, bir boğa ile karşı karşıya olduğunuzu düşünmeye başlamalısınız. Bu durum aslında temel bir ekonomi prensibi ile açıklanabilir. Hatırlayın lütfen, bir malın fiyatı yükselirse talep miktarı düşer, fiyatı düşerse talep miktarı artar (talep yasası). Diğer yandan bir malın fiyatı yükselirse arz miktarı artar, fiyatı düşerse arz miktarı düşer (arz yasası). Piyasa dengesini ele aldığımızda ise talep ve arzın, üzerinde hemfikir oldukları noktada piyasa dengesi oluşur. Bu dengeyi bozan ise talep ve arz miktarlarındaki değişimler olur. İşte tam bu noktada, eğer talep miktarı arz miktarının üzerine çıkarsa, yeni denge fiyatı yükseliş eğilimine girer ve bu da borsa da boğa piyasasına karşılık gelir.

Bir boğa piyasasının oluşmasında ekonomideki yükselen büyüme hızı, işsizlik oranlarındaki azalış, enflasyonun dizginlenebilir düzeyde olması da etkilidir. Her şeyin yolunda gittiği bir piyasada boğaların iyimserliği ortaya çıkar. Yatırımcılar gelişen bir ekonomi görürler ve hisse senedi piyasasının yükseleceğini düşünerek hareket ederler. Piyasa ile ilgili iyimser gelecek beklentisi sayesinde satıcıların yerini alıcılar almıştır.

Eğer güçlü veya güçlenmeye başlayan bir ekonomi söz konusuysa, yatırımcıların güveni ve iyimserliği maksimum seviyedeyse, olumlu gidişin uzun süreceğine yönelik bir beklenti varsa ve son olarak hisse senedi fiyatları en az iki ay boyunca ve genellikle en az %20'den fazla yükseliş göstermişse bir boğa için uygun zemin hazırdır.

Dünya ekonomilerinin hemen hepsinde boğalar görülebilir. Bazıları, diğer ekonomileri de yakından ilgilendirdiği için daha fazla önem arz etmektedir. Örneğin *"Dotcom Bubble"* bunlardan biridir. 1990'ların sonunda ABD'deki teknoloji hisselerinin keskin yükselişi dotcom balonu olarak bilinir. 1995-2000 arasında NASDAQ endeksinin %400 değer artışında etkisi gözle görülür biçimde fazla olsa da 2000'lerin ortalarından itibaren %80 değer düşüşü, *boğa koşusu* sırasında elde edilen tüm kazanımları yok etmiştir.

Boğa piyasasının bir başka ünlü örneği, 2000'lerin ortalarında ABD konut fiyatlarındaki aşırı artış olmuştur. Kolay para politikaları, gevşetilmiş borç verme standartları, yaygın spekülasyonlar, düzenlenmemiş türevler ve irrasyonel taşkınlıklar tarafından körüklenmiş bir *Mortgage Balonu*, tüm dünyada etkili olmuş ve bu etkileri halen hisseden ülkelerin ekonomilerini diğerlerinin gerisinde bırakmıştır. Zira 2007-2008 ekonomik krizinin temel sebebi olarak bu konut balonu gösterilmektedir.

Boğalar, kâr payı kazancından ziyade sermaye kazancı ümidiyle işlem yaparlar. Ancak bu piyasayı yakalamak zor olabilir. Yükselen hisse senetlerini ve boğa piyasasını yakalamanın altın kuralı temel ve teknik analiz bilgisine sahip olmaktır. Özellikle teknik analizde bir boğa modeli yakalamak nispeten kolaydır. Fiyat formasyonlarına aşina bir yatırımcı kupa ve kulp, boğa bayrağı, boğa flaması veya artan üçgenleri görerek rakiplerinin önüne geçme şansı yakalayabilir. Ayrıca boğa piyasalarında en sık kullanılan teknik analiz göstergelerinden hareketli ortalamalar, hareketli ortalama yakınsama sapması, göreceli güç endeksi ve denge hacmi de yatırımcı için yol gösterici olacaktır.

Boğa piyasasını tanımlamak için kullanılan belirli ve evrensel bir ölçü yoktur. Bununla birlikte, belki de bir boğa piyasasının en yaygın tanımı, hisse senedi fiyatlarının genellikle %20'lik bir düşüşten sonra ve ikinci bir %20 'lik düşüşten önce %20 oranında arttığı bir durumdur. Boğa piyasalarını tahmin etmek zor olduğundan, analistler genellikle bu fenomeni ancak gerçekleştikten sonra fark edebilirler.

Boğa tipi yatırımcılar, değeri artabilecek menkul kıymetleri belirler ve mevcut fonları bu yatırımlara yönlendirir. Genel bir piyasa veya sektör düşüş eğiliminde olsa bile, bir boğa yatırımcısının pozisyonunu üstlenme fırsatları mevcuttur. Boğa yatırımcıları, aşağı yönlü piyasada büyüme fırsatları arar ve piyasa koşullarının tersine dönmesi durumunda sermayeyi değerlendirmek isteyebilir. Ancak bazen boğa yatırımcısı, belirli bir menkul kıymetin değerindeki ani bir artışın bir trendin başlangıcı olduğuna inanmalarına sebep olabilir. Bu durumda ise bir boğa tuzağına düşebilirler.

Boğa piyasasını tanımanın en kolay yolu belirgin özellikleri aramaktır. Eğer piyasada hisse senedi fiyatlarının uzun süre yükseldiği bir dönem varsa, güçlü veya güçlenen bir ekonomi mevcutsa, yüksek yatırımcı güveni ve yüksek yatırımcı iyimserliği söz konusuysa ve işlerin uzun süre olumlu olacağına dair genel bir beklentiden söz ediliyorsa burada bir boğa piyasası mevcuttur.

Boğa piyasasından yararlanmak isteyen yatırımcılar,

yükselen fiyatlardan yararlanmak için erken satın almalı
ve zirveye ulaştığında satmalıdır. Dip ve zirvenin ne za-
man gerçekleşeceğini belirlemek zor olsa da kayıpların
çoğu minimum düzeyde olacaktır ve genellikle geçicidir.

Kayıp riskini sınırlamak için boğa, *stop-loss (kaybı
durdur)* emirlerini kullanabilir. Bu, yatırımcının, fiyatla-
rın aşağı doğru hareket etmeye başlaması durumunda il-
gili menkul kıymeti satacağı bir fiyat belirlemesine olanak
tanır. Boğalar, riski azaltmak için çeşitlendirmeyi de kul-
lanabilir. Yatırımcılar, yatırımları farklı varlık sınıflarına,
sektörlere ve coğrafi bölgelere yayarak, bir sepete çok fazla
yumurta koymadan yine de yükselişini sürdürebilirler.

Boğa yatırımcıları, genellikle *boğa tuzakları* olarak
bilinen şeylere dikkat etmelidir. Bir yatırımcı, belirli bir
menkul kıymetin değerindeki ani bir artışın, yatırımcının
uzun sürmesine neden olan bir eğilimin başlangıcı oldu-
ğuna inandığında bir boğa tuzağı oluşur. Bu, daha fazla
yatırımcı menkul kıymeti satın aldıkça fiyatın şişmeye de-
vam ettiği bir satın alma çılgınlığına yol açabilir. Menkul
kıymeti satın almak isteyenler işlemleri tamamladıktan
sonra talep düşebilir ve ilgili menkul kıymet fiyatlarını
düşürebilir. Fiyat düştükçe, boğa yatırımcıları menkul
kıymeti elinde tutmayı veya satmayı tercih edebilirler.
Yatırımcılar satmaya başlarsa, fiyat daha da düşebilir. Bu,
yeni bir yatırımcı gurubunu varlıklarını satmaya ve fiya-
tı daha da aşağı çekmeye sevk edebilir. Boğa tuzağının
olduğu durumlarda, ilişkili hisse senedi fiyatı genellikle
düzelmez.

Boğa tuzağı, fiyat hareketinin yanlış tarafındaki pi-
yasa katılımcılarını beklenmedik kayıplarla pozisyonlar-
dan çıkmaya zorlayan bir tersine dönüşü ifade eder. Boğa
tuzağı, fiyat hareketinin yanlış tarafındaki piyasa katılım-
cılarını beklenmedik kayıplarla pozisyonlardan çıkmaya
zorlayan bir tersine dönüşü gösterir. Boğa tuzaklarını ele
almanın en iyi yolu, düşük hacimli kırılmalar gibi uyarı

işaretlerini önceden tanımak ve bir boğa tuzağından şüpheleniliyorsa ticaretten olabildiğince çabuk çıkmaktır.

Peki bir boğa piyasasını nasıl buluruz? Temelde bazı bilgiler işimize yarar. Boğa piyasaları genellikle ekonomi güçlendiğinde veya zaten güçlü olduğunda gerçekleşir. Güçlü gayri safi yurtiçi hasıla (GSYİH) ve işsizlikte bir düşüş ile paralel olma eğilimindedirler ve genellikle şirket kârlarındaki artışla aynı zamana denk gelirler. Yatırımcı güveni de bir boğa piyasası dönemi boyunca yükselme eğiliminde olacaktır. Hisse senetlerine yönelik genel talep, piyasanın genel tonuyla birlikte olumlu olacaktır. Ayrıca, boğa piyasaları sırasında halka arz faaliyet miktarında genel bir artış olacaktır. Bunun dışında bir boğa piyasasını bulmak ve doğru şekilde analiz edebilmek için ciddi bir teknik analiz bilgisi şarttır. Yatırımcılar tarafından kullanılan yaygın modellerden bazıları şunlardır:

Kupa ve kulp: Bu desen kulplu bir bardağa benzer, burada bardağın "U" şeklinde olduğu ve kulpun hafifçe aşağı doğru kaydığı görülür.

Boğa bayrağı: Bu model, direğin hisse senedinde keskin bir yükselişi temsil ettiği ve bayrağın bir konsolidasyon döneminden geldiği bir direk üzerindeki bir bayrağa benzer.

Boğa flaması: Bu, bayrak direğinin hisse senedindeki büyük bir hareketle oluştuğu ve flamanın yakınsayan trend çizgileriyle bir konsolidasyon dönemi olduğu bir yükseliş devam formasyonudur.

Artan üçgen: Bu devam modeli, en az iki yüksek salınım ve iki en düşük salınım boyunca uzanan trend çizgilerinden oluşur.

Bunların dışında bazı teknik analiz göstergeleri de boğayı bulmak için önemli olacaktır. Örneğin hareketli ortalama çizgisi yukarı açılıysa bir yükseliş eğilimi, aşağı açılıysa bir düşüş eğilimi oluşur. Bir diğer örnek MACD çizgileridir. MACD çizgileri uzun bir süre sıfırın üzerinde ise hisse senedi yükseliş eğilimindedir ancak sıfırın altında olduğu durumda bir düşüş eğilimi söz konusu olacaktır. Göreceli güç endeksi (RSI) de boğayı tanımak için elverişli bir gösterge olabilir. Histogram okuması 70'in üzerinde olduğunda, hisse senedinde "aşırı alım" olarak görülebilir ve bir düzeltme yapılması gerekir. 30'un altına düştüğünde, "aşırı satılmış" ve geri sıçramaya hazır olarak görülebilir. Denge hacmi (OBV) ise eğilimleri doğrulamak için kullanılan bir araçtır ve işe yarayabilir. Yükselen bir fiyata artan OBV, düşen bir fiyata ise azalan OBV eşlik etmelidir.

Yatırımcıların boğa piyasası dönemlerinde kullandıkları birkaç önemli stratejiye de değinmemiz gerekir.

Satın Al ve Elinde Tut- Buy and Hold

Yatırım yapmanın en temel stratejilerinden biridir. Belirli bir menkul kıymeti satın alır ve belli bir süre sonra elden çıkartarak kâr elde edersiniz. Ancak bu strateji yatırımcının güvenine muhtaçtır. Sonuçta fiyatının artmasını beklemiyorsanız neden bir menkul kıymeti elinizde tutarsınız ki? Boğa piyasalarıyla birlikte gelen iyimserlik bu stratejiyi beslemeye yardımcı olur. Al ve tut stratejisini kullanan bir yatırımcı aktif olarak yatırımları seçer ancak kısa vadeli fiyat hareketleri ve teknik göstergeler ile ilgilenmez.

Artarken Al ve Elinde Tut- Increased Buy and Hold

Bu strateji satın al ve elinde tut stratejisinin bir çeşididir. Yaklaşımının arkasındaki öncül, bir yatırımcının, fiyatı artmaya devam ettiği sürece, belirli bir menkul kıymetteki varlıklarını artırmaya devam edeceğidir.

Geri Çekilmeleri İzleme- Retracement Additions

Geri çekilme, bir menkul kıymetin fiyatındaki genel eğilimin tersine döndüğü kısa bir dönemdir. Boğa piyasası sırasında bile, hisse senedi fiyatlarının yalnızca yükselmesi olası değildir. Aksine, genel eğilim yukarı doğru devam etse bile, küçük düşüşlerin de meydana geldiği daha kısa dönemler olması muhtemeldir. Bazı yatırımcılar, bir boğa piyasası içindeki geri çekilmeleri izler ve bu dönemlerde satın almak için hareket eder. Bu stratejinin ardındaki düşünce, boğa piyasasının devam ettiğini varsayarsak, söz konusu menkul kıymetin fiyatının hızla geri yükseleceği ve yatırımcıya geriye dönük olarak indirimli bir satın alma fiyatı sağlayacağıdır.

Tam Swing Ticareti- Full Swing Trading

Swing ticareti, beklenen bir fiyat hareketinden kâr elde etmek için birkaç günden birkaç aya kadar süren işlemler yapmayı içerir. Boğa piyasasından yararlanmaya çalışmanın belki de en agresif yolu, tam zamanlı ticaret olarak bilinen süreçtir. Bu stratejiyi kullanan yatırımcılar, daha büyük bir boğa piyasası bağlamında değişimler meydana geldikçe maksimum kazanç elde etmek için açığa satış ve diğer teknikleri kullanarak çok aktif roller üstleneceklerdir.

Boğa piyasaları genellikle güçlü, sağlam ve büyüyen bir ekonomi ile yan yana bulunur. Hisse senedi fiyatları, gelecekteki kâr beklentileri ve firmaların nakit akışı yaratma yetenekleri ile bilgilendirilir. Güçlü bir üretim ekonomisi, yüksek istihdam ve artan GSYİH, kârların artmaya devam edeceğini gösterir ve bu hisse senedi yükseliş olarak fiyatlara yansır. Düşük faiz oranları ve düşük kurumlar vergisi oranları da boğa piyasasını yansıtabilir. Ekonomi, örneğin durgunluk veya işsizlikteki ani artış karşısında zorlu bir döneme girdiğinde, yükselen hisse senedi fiyatlarını sürdürmek zorlaşır. Ayrıca, durgunluklara genellikle, piyasa psikolojisinin açgözlülük veya risk almaktan ziyade korku veya riski azaltmakla ilgili olduğu, yatırımcı ve tüketici duyarlılığında olumsuz bir dönüş eşlik eder.

KIRK YILDA BİR OLAN OLAYLAR VE SİYAH KUĞU METAFORU

Alışık olduğumuz kuğular beyazdır. Hatta kuğu gibi dendiğinden beyaz bir şeyden bahsedildiği net şekilde anlaşılır. Bu aslında alışık olduğumuz bir çağrışımdır. Ancak bir kuğuyu siyah görmek alışık olmadığımız bir şeydir. Aklımızda kalır.

Ekonomide siyah kuğu görmek ise aklımızdan hiç çıkmaz. Özellikle jeopolitik olayların ekonomiye yansıması çoğu zaman tam bir siyah kuğu olabilir.

Aslına bakarsanız tüm kuğuların beyaz olması gerektiği gibi bir görüşün hâkim olduğu 17.yy. Avustralya'sında siyah kuğuların keşfedilmesi ile ortaya çıkan Siyah kuğu metaforu, bilimsel olarak ise Taleb tarafından 2007 yılında ortaya konmuştur. Tahmin edilemeyen ve risk analizi yapılmasına rağmen öngörülemeyen olayları ifade eder.

Taleb, 2008 mali krizinden önceki 2007 tarihli bir kitapta (Talep, 2022) siyah kuğu olayı fikrini yazmıştır. Taleb, siyah kuğu olaylarının son derece nadir olmaları nedeniyle tahmin edilmesinin imkânsız olduğunu ancak feci sonuçları olduğunu, insanların her ne olursa olsun bir siyah kuğu olayının bir olasılık olduğunu varsaymaları gerektiğini ve buna göre plan yapmaları gerektiğini savunur. Bazıları, borsada bir siyah kuğu olayı meydana geldiğinde çeşitlendirmenin bir miktar koruma sağlayabileceğine inanır ancak sadece çeşitlendirmeyle giderilemeyecek olumsuz sonuçlarla karşılaşılabileceği akıldan çıkarılmamalıdır.

Son derece nadir olaylar için Taleb, normal dağılım gibi standart olasılık ve tahmin araçlarının, tanım gereği nadir olaylar için asla mevcut olmayan büyük popülasyona ve geçmiş örnek boyutlarına bağlı olduklarından geçerli olmadığını savunur. Geçmiş olayların gözlemlerine dayanan istatistikler kullanmak, siyah kuğuları tahmin etmek için yardımcı olmaz ve hatta bizi onlara karşı daha savunmasız hale getirebilir.

Kuşkusuz finansal sistem katılımcılarının psikolojik, duygusal, nörolojik ve hatta genetik varyasyonları tarafından etkilenen siyah kuğu metaforu, Aven (2015) tarafından şöyle tanımlanır: *siyah kuğular bilinmeyen bilinmeyenler, bilinmeyen bilinenler ve meydana gelebileceğine olanak verilmeyen ve etkileri dikkat çekici derecede büyük olan durumlardır.* Bilinmeyen bilinmeyenler, bireyler tarafından hayali dahi kurulamayan ve uç noktada denilebilecek olaylardır. Bilinmeyen bilinenler, risk analizi neticesinden ortaya konması mümkün olduğu halde analizin doğru yapılmaması nedeniyle bilinmeyen olarak kalan olaylardır. Diğer yandan meydana gelebileceğine olanak verilmeyenler ise öngörülebildiği halde gerçekleşmesine ihtimal verilmeyen, göz ardı edilen olayları temsil eder.

11 Eylül Vakasını bilmeyen yoktur. Amerika Birleşik Devletleri'nde akla hayale gelmeyen bir terör saldırısı gerçekleşmiş, Dünya Ticaret Merkezi kuleleri ve Pentagon ardı ardına üç yolcu uçağının saldırısına uğramış, dördüncü uçak ise Amerikan Kongre Binasına çarpmadan boş bir araziye düşmüştür. Dünya Ticaret Merkezi kuleleri ise tüm dünyanın gözü önünde devasa bir toz bulutuna dönüşerek yıkılmışlardır. Tam bir siyah kuğu vakası olan 11 Eylül saldırısından birkaç ay önce ABD'nin önde gelen basın kuruluşlarından biri olan New York Times'ta yer alan bir makalede, ABD'nin güvenlik anlamında dünyanın süper gücü olduğu, terör eylemlerinin dünya genelinde azaldığı ve artık korkulması gereken bir şey olmadığı yazılmasına rağmen gerçekleşen bu saldırılar, siyah kuğu metaforunda *"meydana geleceğine olanak verilmeyen durumlar"* olarak isimlendirilebilir. Bu saldırıların ar-

dından yaşanan ekonomik çalkantılar ise siyah kuğunun ekonomiye yansımasıdır.

2001 dotcom balonu bir başka siyah kuğu olayıdır. Amerika, ekonomik anlamda tam bir felaket yaşamadan önce hızlı ekonomik büyümenin ve servet artışlarının tadını çıkarıyordu. İnternet, ticari kullanım açısından emekleme döneminde olduğundan, çeşitli yatırım fonları, şişirilmiş değerleme ve piyasa çekişi olmayan teknoloji şirketlerine yatırım yapılıyordu. Bu şirketler kapandığında fonlar büyük darbe aldı. Dijital dünya henüz çok yeniydi, bu yüzden çöküşü tahmin etmek neredeyse imkânsızdı.

Daha yeni bir örnek, 2020 baharında başlayan küresel bir pandemiye neden olan ve dünya çapında piyasaları ve küresel ekonomileri bozan COVID-19 virüsünün ortaya çıkmasıdır.

Siyah kuğu, normalde bir durumdan beklenenin ötesinde ve potansiyel olarak ciddi sonuçları olan ve öngörülemeyen bir olaydır. Siyah kuğu olayları, son derece nadir olmaları, şiddetli etkileri ve sonradan anlaşıldıklarında aslında tahmin edilebilir oldukları görüşü yaygın olan durumlardır. Ciddi sonuçlar doğuran siyah kuğu olaylarının kritik önemi, gerçekleşmesi kimse tarafından beklenmediği halde, gerçekleştikten sonra tahmin edilebilir olmasının iddia edilmesidir. Bir bakıma durumun bu noktaya geleceği tahmin edilebilirdi deyip suçlu aramak gerekir. Ancak suçlu yoktur, şartlar vardır. Zira siyah kuğu olayları, piyasaları ve yatırımları da olumsuz etkileyerek bir ekonomide feci hasara neden olabilir, ayrıca sağlam modellemelerin kullanılması bile siyah kuğu olaylarını engelleyemez.

Finans dünyasında siyah kuğular yatırım ortamını ve hatta tüm dünya piyasalarını şekillendirebilecek güçte olan olayları temsil eder. Beklenmedik olmanın ve büyük bir etki yaratmanın ötesinde bir siyah kuğu olayının üçüncü bir tanımlayıcı özelliği vardır. Siyah kuğu vuku bulup bittikten sonra önceden tahmin edilebilir ve hatta kolayca açıklanabilir olduğu yönünde bir görüş ortaya çıkar ve siyah kuğu aniden rasyonelleştirilir. Bu fenomene *"bunu başından beri biliyordum"* fenomeni diyebiliriz.

Siyah kuğuyu tahmin etmek çok zordur. Ancak yatırımcıların yine de piyasada yaşanabilecek olası kargaşalara hazırlanmak ve portföylerini bu kargaşalardan izole etmek için yapabilecekleri şeyler vardır. Örneğin ABD'de piyasalardaki korkunun derecesini ölçen Chicago Board Options Exchange Volatility Index takip edilebilir. Bu endeks piyasaların bizzat kendisinden kaynaklanabilecek veya siyasi ya da başka bir gerekçeyle gerçekleşmesi muhtemel siyah kuğuların yaşanacağı dönemlerde daha yüksek seviyelerde olmaktadır.

KISA VADELİ KAZANÇ İÇİN ZIPLAYAN TAVŞANLAR

Tavşanlar da diğer pek çok hayvan gibi finansal piyasalarda isimlerini duyurmayı başardılar. Tavşan piyasası adıyla anılan bir piyasa var artık. Sık duyulan ayı ve boğa piyasalarından farklı olarak tavşan piyasasında ne yükseliş ne de düşüş eğilimi vardır. Biraz zıpır hare-  ket ettikleri için bir sonraki adımları tahmin edilemeyen tavşanların bu karakterleri nedeniyle isimlerini verdikleri tavşan piyasasında kimse daha sonra ne olacağını kestiremez. Zaten fiyatlarda yukarı veya aşağı yönlü olacak bir beklenti boğa veya ayı piyasasını doğuracağından, bunlardan farklı olarak tavşan piyasasında fiyatlar tek bir yönde hareket etmez.

Tavşanlar, hızlıdır ve dürtüsel davranışlarıyla bilinirler. Hızlı ve dürtüsel davranan yatırımcı ise tavşan tipi yatırımcıdır. Bu yatırımcı tipi gün içi pozisyonlardan birkaç haftaya kadar değişen vadelerde, yalnızca kısa vadeli pozisyonlarda yatırım yapmayı tercih eder. Hızlı yatırımlarından bir o kadar hızlı ve çok para kazanmayı beklerler. Tavşan ve şans kelimelerinin aynı cümlede kullanılması tesadüf değildir, zira bu tip yatırımcının kısa vadeli yatırım kararlarının hızlı ve yüksek miktarda geri dönüşü sadece şansa bağlı olabilir.

Tavşan piyasaları genellikle bir durgunluktan sonra ekonomik toparlanma sırasında ortaya çıkar. Hisse senetleri fiyatları yükselmeye başlar ancak enflasyon ve yüksek faiz oranları devreye girdiğinde fiyatlar tekrar düşer. Yapacağınız en iyi şey, tüm Paskalya yumurtalarını tek bir sepete koymamaktır. Bir başka ifadeyle varlıklarınızı çeşitlendirin ve hevesli, tüketici odaklı kâğıtlardan kaçının.

Tavşanlarla ilgili bir diğer özellik hızlı para avcıları olmalarıdır. Genellikle hızlı bir kâr arayan gün içi tüccarlardır. Tavşanlar ellerindeki hisse senedini bir gece bile tutmayabilirler ve gün boyunca her zaman hızlı para avına çıkarlar.

PİYASANIN AÇGÖZLÜ KURTLARI

Bu tür yatırımcılar veya tüccarlar, borsada para kazanmak için cezai işlem gerektirebilen veya etik olmayan yollardan yararlanabilirler.  Örneğin değeri oldukça düşmüş bir hisse senedinin tamamını piyasadan toplayarak piyasada bu hisse senedine karşı bir algı yaratmak ve ardından açığa satarak avı tamamlamak tam bir kurt yatırımcı davranışıdır.

Kurt terimi, para kazanmak için etik olmayan yollara girebilen güçlü bireylere benzetilmek üzere tercih edilmiş bir terimdir. Bu tür açgözlü kişiler genellikle yaptıkları etik olmayan davranışları nedeniyle sarsılan piyasanın ve dolandırıcılıkların arkasından çıkan yatırımcılardır.

Kurt tipi yatırımcılarla ilgili en bilindik örnek Jordan Belfort'tur. Belfort'un (2013) *"The Wolf of Wall Street"* adında bir kitabı da bulunur. Değersiz hisse senetlerini, hiçbir şeyden haberi olmayan kişilere satmakta usta olan bu borsa simsarı, 1999 yılında menkul kıymetler dolandırıcılığı ve kara para aklama suçlarını kabul etmiş ve 22 ay hapis cezası almıştır. Ancak bu ceza bile Belfort'u, sosyal medyada yayınladığı videolarda 25 yaşında ve yılda 60.000 dolar kazanan bir gence, işini bırakması ve daha cesur davranması gerektiği yönünde telkin vermekten, borsa ipuçları paylaşmaktan ve herkese ilginç kariyer tavsiyelerinde bulunmaktan alıkoyamamıştır.

Bazen birkaç kurt yatırımcının bir araya gelerek ortak işler yaptıkları da görülebilir. *"Kurt avı"* denilen bu durumda kurt yatırımcılar hisse senetlerini açığa satarak bir şirketin hisselerini dibe batırabilirler.

Kurt terimi sadece yatırımcıyı tanımlamak için kullanılmaz. Teknik analizin fiyat formasyonlarında da kurt terimine rastlanır. Örneğin *"kurt dalgası"* kavramı bir fiyat formasyonu örneğidir. Kurt dalgası temel bir denge fiyatı anlamına gelen fiyattaki yükseliş veya düşüş eğilimlerini gösteren beş dalga modelinden oluşan bir grafik modelidir. Bu sistemi kullanan yatırımcılar, formasyonun gösterdiği direnç ve destek çizgilerine göre işlemlerini zamanlandırırlar. Aslında buradaki kurt dalgası, adını aldığı hayvandan esinlenerek isimlendirilmemiştir. Kurt dalgası ilk olarak Bill Wolfe ve oğlu Brian tarafından tanımlanmıştır (http://www.wolfewave.com). Wolfe'a göre, kurt dalgası tüm pazarlarda doğal olarak bulunur. Bunları tanımak için, yatırımcılar belirli kriterlere karşılık gelen bir dizi fiyat dalgalanması tanımlamalıdır:

• Dalgalar tutarlı bir zaman aralığında döngü yapmalıdır.

• Üçüncü ve dördüncü dalgalar, birinci ve ikinci dalgaların oluşturduğu kanal içinde kalmalıdır.

• Üçüncü ve dördüncü dalgalar, birinci ve ikinci dalgalarla simetri göstermelidir.

Şekil 1. Wolfe Dalgası Örneği (Kaynak: https://www.tradingview.com/education/wolfewaves/)

Kurt dalgası modelinde beşinci dalga kanaldan çıkar. Modelin arkasındaki teoriye göre, birinci dalganın başlangıcındaki noktadan çizilen ve dördüncü dalganın başlangıcından geçen bir çizgi, beşinci dalganın sonu için bir hedef fiyat öngörmektedir. Bir yatırımcı, bir kurt dalgası oluştuğunu doğru bir şekilde görebilirse, beşinci dalganın başlangıcı, uzun veya kısa bir pozisyon alma fırsatını temsil edecektir. Hedef fiyat, dalganın sonunu ve dolayısıyla yatırımcının pozisyondan kâr etmeyi amaçladığı noktayı temsil eder.

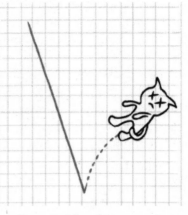

ÖLÜ KEDİ SIÇRAMASI

1980'lerin ortalarında ortaya çıkan bu terim, bir hisse senedinin fiyatındaki ani bir düşüşün ardından ılımlı bir artış gözlenmesine atıfta bulunur. Çıkmadık candan ümit kesilmez der eskiler. Bir başka deyimde ise kedi gibi dokuz canlı diye söz edilir bu durumdan. Aslında piyasa fiyatı aniden düşen ve piyasanın, tükenmesi hatta iflasını beklediği bir şirketin hisse senedinin ılımlı şekilde toparlanmaya başlaması, dokuz canlı kedilerden başka bir tasvirle de açıklanamazdı. Lakin dokuz canı da olsa nihayetinde ölecektir.

Ölü kedi sıçraması, uzun bir süre düşüş yaşayan bir hisse senedinin veya piyasanın kısa süreli yükseliş eğilimine girmesidir. Genellikle, sıçramadan sonra hisse senedi aşağı yönlü yörüngesine geri döner. Bir diğer ifadeyle, varlık fiyatlarının uzun süreli bir düşüşten veya düşüş eğiliminin devam ettiği bir ayı piyasasından geçici ve kısa ömürlü şekilde toparlanmasıdır.

Bir örnek verelim. Fiyatı 200 TL'den 120 TL'ye düşen bir menkul kıymetin fiyatı bir anlığına 170 TL'ye çıkarsa ve bu bir ölü kedi sıçramasıysa daha fazla yükselmesini beklemek hata olacaktır. Çünkü yakın zamanda düşecektir, hatta 120 TL'den çok daha düşük bir fiyata düşecektir. Bu da sevimli dostumuzun ölümü demektir maalesef.

Pek çok yatırımcı, bitcoinlerin son yörüngesini ölü kedi sıçraması olarak görür. Aslına bakarsanız hiçbir devletin merkez bankasının garantisini vermediği kripto paralar hakkında çok kişinin öngörüsü de bu yöndedir.

Teknik analizde, ölü bir kedi sıçraması bir devam modeli olarak kabul edilir, burada sıçrama ilk baştaki mevcut eğilimin tersine dönmüş gibi görünebilir ancak bunu hızla aşağı yönlü fiyat hareketinin devamı takip eder. Ölü kedi sıçraması kalıpları genellikle ancak olaydan sonra fark edilir ve gerçek zamanlı olarak tespit edilmesi zordur. Ancak yine de analistler, belirli teknik ve temel analiz araçlarını kullanarak toparlanmanın yalnızca geçici olacağını tahmin etmeye çalışabilirler.

Sıklıkla düşüş trendleri, fiyatların geçici olarak yükseldiği kısa toparlanma dönemleri veya küçük rallilerle kesintiye uğrar. Bu yatırımcıların kısa pozisyonları kapatmasının veya menkul kıymetin dibe ulaştığı varsayımıyla satın almalarının bir sonucu olabilir.

Yatırımcılar, mevcut bir yukarı hareketin ölü bir kedi sıçraması mı yoksa piyasanın tersine dönmesi mi olduğunu nasıl belirleyebilir? Buna her zaman doğru cevap verebilseydik, çok para kazanabilirdik.

KELEBEKLER, DEMİR KELEBEK VE KELEBEK ETKİSİ

Yirmi dört saatlik ömürlerine rağmen güzellikleri bir ömür akıldan çıkmayan kelebeklerin de finansal piyasalarda yeri vardır. Borsa jargonunda kelebek terimi sadece yatırımcı davranışlarını tanımlamak için kullanılmamaktadır. Kelebek yayılımı *(The Butterfly Spread)* olarak bilinen bir terim mevcuttur. Bu terim, boğa ve ayı yayılımlarını sabit bir risk ve sınırlı bir kârla birleştiren bir opsiyon stratejisini ifade eder. Bu spreadler, piyasada tarafsız bir strateji olarak tasarlanmıştır ve dayanak varlık, opsiyonun sona ermesinden önce hareket etmemesi durumunda en yüksek getiriyi sağlar.

Opsiyon sözleşmeleri, alıcıların dayanak varlığı belirli bir sona erme veya uygulama tarihine kadar almasına veya satmasına izin verir. Opsiyon piyasalarında sıkça duyulan kelebek yayılımı terimi doğal olarak opsiyon yatırımcıları tarafından kullanılır. Ancak burada unutulmaması gereken nokta şudur: bir opsiyonun dayanak varlığı bir emtia olabileceği gibi bir hisse senedi de olabilir. Bu durumda kelebekler için sadece opsiyon piyasasında kullanılan bir kavram olarak söz etmek doğru olmayacaktır.

Kelebek, yatırımcının büyük dalgalanmalara karşı koruma sağlamak veya oynaklıktan kazanç sağlamak için uygulayabileceği bir oynaklık bahsidir. Yatırımcılar daha fazla koruma sağlayabilmek adına ve büyük kayıp riskini azaltmak için opsiyon stratejilerine ek sözleşmeler ekleyebilir.

Herhangi bir kelebek opsiyon stratejisi şunları içerir:

1. Alım/Satım opsiyonlarının alımı veya satımı

2. Aynı dayanak varlık

3. Dört opsiyon sözleşmesinin birleştirilmesi

4. Aynı kullanım fiyatında iki sözleşme ile farklı kullanım fiyatları

5. Aynı son kullanma tarihi

Kelebek yayılımı opsiyonu stratejisi, yönsüz bir piyasada veya bir yatırımcının menkul kıymet fiyatlarının gelecekte çok değişken olmasını beklemediğinde en iyi sonucu verir. Bu, tüccarın sınırlı riskle belirli bir miktarda kâr elde etmesini sağlar. Stratejinin en iyi sonucu, vadesi dolmak üzereyken görülebilir. Ancak bu stratejinin de kendine göre bazı riskleri vardır. Örneğin uzun kelebek durumunda daha yüksek olduğu düşünülen oynaklık ile kısa kelebek durumunda daha düşük olduğu düşünülen oynaklık kelebek stratejisinde göz ardı edilmemelidir. Ayrıca piyasalardaki hassasiyetler de kolay değişebilmektedir. Tüm bunlara daha yüksek alım satım maliyetleri, daha yüksek komisyonlar ve daha yüksek vergiler eklendiğinde kelebek stratejisi riskli hale gelebilmektedir.

Dayanak varlığın fiyatında çok fazla dalgalanma görmeyi bekliyorsanız, bir kelebek stratejinizin olması iyi olacaktır. Bir kelebek stratejisi oluşturmak, dayanak varlık hakkında, örneğin hisse senedi hakkında belirli bir görüşünüz olduğu anlamına gelmez. Basitçe, yatırımcı olarak sizin çok fazla oynaklık beklediğinizi ve bundan bir şeyler elde etmek için bir strateji uyguladığınızı ima eder. Herhangi bir dalgalanma beklemiyorsanız kısa bir kelebek oluşturabilirsiniz.

Demir kelebek, belirli bir aralıkta hareket eden hisse

senedi veya vadeli işlem fiyatlarından yararlanmak için bir stratejinin parçası olarak dört farklı sözleşme kullanan bir opsiyon ticaretidir. Ticaret ayrıca, zımni oynaklıktaki düşüşten faydalanmak için yapılandırılmıştır. Bu ticareti başarılı bir ticaret stratejisinin parçası olarak kullanmanın anahtarı, opsiyon fiyatlarının genel olarak değerinin düşeceği bir zamanın tahmin edilmesidir. Bu genellikle yana doğru hareket veya hafif bir yükseliş eğilimi sırasında ortaya çıkar. Ticaret ayrıca *"Demir Sinek"* takma adıyla da bilinir.

Örneğin yatırımcı, önümüzdeki iki hafta içinde, dayanak varlığın 50$ fiyatına inebileceğini ve bu hedef fiyattan beş dolar daha yüksek veya beş dolar daha düşük bir aralıkta olabileceğini düşünüyorsa, o zaman o yatırımcı kullanım fiyatı 50$ olan bir satım opsiyonu ve 50$'lık hedef fiyattan en az beş dolar daha yüksek bir alım opsiyonu ve en az beş dolar daha düşük bir satım opsiyonu satın almalıdır. Teorik olarak bu   işlem, fiyat hareketlerinin, opsiyonların sona erdiği gün veya yakın bir tarihte inip kârlı bir aralıkta kalabilmesi için daha yüksek bir olasılık yaratır.

Yatırımcıların, bu tekniği kendi hesaplarında etkin bir şekilde kullanabileceklerinden emin olmak için komisyonlara dikkat etmeleri gerekir.

Kelebeklerden söz edildiğinde "kelebek etkisinden" de söz etmek gerekir. "Dalgalanma etkisi" olarak da adlandırılan kelebek etkisi, 1961'de Profesör Edward Lorenz tarafından ortaya atılan bir olgudur. Lorenz, bir çevredeki en küçük değişikliklerin gelecekte bir noktada şiddetli dalgalanma etkileri bırakabileceğini kuramlaştırmıştır. Kelebek Etkisi ilkesine göre, New Mexico'da kanatlarını çırpan bir kelebek Çin'de bir kasırgaya neden olma gücüne sahiptir. Kelebek etkisine göre bunun gerçekleşmesi çok uzun zaman alabilir, ancak iki olay arasında gerçek bir bağlantı vardır.

Çok uzun süredir birçok yatırımcı, kendilerinin hatırı sayılır gücünün ve dünya üzerinde somut, olumlu veya olumsuz bir etki yaratma yeteneğinin farkında değil. Yatırımcılar bu gücün farkına vardığında, yeni bir sorumluluk duygusu hissederek finansal seçimleriyle ilgili şu gibi soruları sormaya başlayacaklardır: "Şu anda ne tür bir etkim var?" veya "Hangi etkiyi yaratmak istiyorum?" Zihniyet değişikliği genellikle yatırım eylemini yeni bir enerji ve amaç duygusu ile besler. Bu enerji, bir yatırımcının finansal ve kişisel etki hedeflerinin gerçek entegrasyonunun habercisidir.

Finansal piyasalarda ve ekonominin tamamında kelebek etkisi azımsanmayacak derecede öneme sahiptir. Örneğin bir ülkenin diğerine yönelik küçük bir siyasi hareketi bile, ikinci ülkenin borsasını etkileyebilir. Bu nedenle, birçok finans uzmanının, finansal piyasaların davranışını tahmin etmek için kelebek etkisinin kullanılabileceğini teorileştirmesi şaşırtıcı değildir.

Somut örnekler de vardır. Örneğin, Amerika Birleşik Devletleri'ndeki Lehman Brothers'ın 2007-2008'deki düşüşünü ele alalım. Bu düşüş, dünya çapında küresel ekonomilerin çöküşünün katalizörü (kelebek) olarak yaygın şekilde teorize edildi ve küresel ekonominin gördüğü en büyük durgunluklardan birine neden oldu. Bir katalizörü eylemde görmenin bir başka yolu, 2020 boyunca küresel ekonomi, ticaret ve işletmelerin düşmesine neden olan yaygın bir pandemiye yol açan COVID-19'un Wuhan pazarında yayılmasıdır.

ŞAHİNLER, GÜVERCİNLER VE ARADA KALMIŞ KARGALAR

Şahin ve güvercin ikilisinin yıllardır var olduğunu söyleyen bir ekonomist ve "kuş gözlemcisi" Donald Marron, bu kanatlıları şöyle tanımlar: *Güvercinler barış kuşudur ve şahinlerin pençeleri vardır ve bilirsiniz, onlar vahşi olanlardır.*

Para politikası kararları bir komitenin müzakeresi ve oylaması sonucunda alınır. Bir komitede politika belirleme, çeşitli bireysel üye tercihlerinin ve görüşlerinin toplu bir kararda toplanmasını içerir. Para politikası sonuçlarının önemi göz önüne alındığında, bu tercihlerin ve görüşlerin heterojenliği önem kazanır. Tercihlerin çeşitliliği geleneksel olarak şahin ve güvercin gibi etiketlerde özetlenir.

Doğal hayatlarında da şahinler, güvercinlere göre daha yırtıcıdırlar. Aslında birçok kuştan daha fazla yırtıcıdırlar. Diğer bir özellikleri ise oldukça yüksekten uçmalarına karşın yerdeki küçük bir sürüngeni kolaylıkla fark edebilmeleridir. Bu da onların keskin gözleri ve sıkı avcılık yetenekleri ile ilgilidir. Piyasanın şahinleri ise keskin gözleriyle enflasyonu izler.

Güvercinler ise daha evcildir. Onları elinizle bile besleyebilirsiniz. Yani yemek bulmaları zor olmaz ve kaliteli protein peşinde değildirler. Piyasanın güvercinleri de sıkı olmayan para politikaları ile ilgilenirler. Düşük faiz oranları ile sağlanacak niceliksel gelişmenin peşindedirler.

Güvercinler genellikle düşük faiz oranları dâhil "genişlemeci" para politikasından yanayken, şahinler "sıkı"

para politikasını tercih eder. Örneğin, Amerika Birleşik Devletleri'ndeki güvercinler, ekonomiyi canlandırmanın bir yolu olarak gördükleri niceliksel genişlemeyi tercih etme eğilimindeyken, şahinler niceliksel genişlemeye karşı çıkma eğilimindedirler ve bunu varlık piyasalarının çarpıklığı olarak görürler. Buna ek olarak, şahinler gelecekte daha yüksek enflasyonu öngörme eğilimindedir ve bu nedenle sıkı para politikalarına daha fazla ihtiyaç duyar. Güvercinler ise gelecekte daha düşük enflasyon tahmin etme eğilimindedir ve bu nedenle genişletici para politikalarına daha fazla ihtiyaç olduğunu ön görürler.

Bir şahin, enflasyonu kontrol altında tutmak için genellikle nispeten yüksek faiz oranlarını tercih eder. Düşük faiz oranlarını içeren para politikalarını tercih eden güvercinler ise tipik olarak düşük faiz oranlarının istihdamda artışa yol açacağına inanırlar.

Kısaca özetlemek gerekirse, yüksek faiz oranları borçlanmayı daha az çekici hale getirir. Sonuçta, tüketiciler büyük miktarda alışveriş yapmaktan veya kredi almaktan vazgeçerler. Satılmayan mal ve hizmetlerin fiyatı, harcama eksikliği nedeniyle sabit kalma eğilimindedir. Düşük talep nihayetinde enflasyonun önlenmesine yardımcı olur. Diğer yandan, düşük faiz oranları tüketicileri her çeşit mal ve hizmet almaya iterek bu satın alımlarda kredi kullanımlarını arttırır. Sonuç olarak, tüketiciler daha fazla harcama yapar ve nihayetinde enflasyon meydana gelir.

Unutmadan şunu da hatırlatmak fayda vardır. Enflasyon canavarı dünyanın her yerinde cebimizdeki parayı eritiyorken, dizginlenmesi zor bu cini şişesinden çıkartmak elbette yanlıştır. Aksi halde nominal ve reel faiz oranları, nominal ve reel işçi ve memur zamları, nominal ve reel her şey laf cambazlığıyla halka kabul ettirilmeye çalışılır. %10 zam (nominal) yapan patronunuza teşekkür etmeden önce %15 enflasyonu dikkate almalısınız ki aslında maaşınıza yapılan gerçek zammın %2,65 (reel) olduğunu öğrenebilin.

Şahinler ve güvercinlerin, televizyon kanallarında yapılan açık oturum programlarında ve yetkili kişilerin basın toplantılarında sıkça kullanılıyor oluşu, bazı araştırmacıları "şahin-güvercin endeksi (HD-index[1])" oluşturmaya itmiştir. Tobback, Nardelli ve Martens (2017), Avrupa Merkez Bankasının üslubuna ilişkin "şahinlik" ve "güvercinlik" derecesini ölçebilen bir endeks önermişlerdir.

Kuşların içinde belki de en zekisi olarak bilinen kargalar ise güvercin ve şahin arasında kalmış piyasayı tanımlanır. Bu terim de yine merkez bankaları için kullanılır. Ne şahin ne de güvercin olabilmiş, ikisinin arasında kalmış bir para politikası duruşunu ifade eder. 16 Mart 2022'de Fed tarafından yapılan faiz artışı kararında piyasada  Fed için karga denilmeye başlanması garip değildir. Çünkü faiz artışıyla şahin hazırlığı yapan Fed, piyasalarda çalkantı yaratmamak için güvercin mesajları vermiştir.

---

1   Hawkish-Dovish Index

SAKİN AMA KORKUNCA İYİ KAÇAN GEYİKLER

Borsada geyikler hisse senedi ve tahvil fiyatlarının uzun süre değişmeden kaldığı, bu süre içinde yatırımcıların utangaç davranışlar sergiledikleri bir durumu ifade eder. Yatırımcıların bu piyasada getiri sağlamasının yolu az da olsa değişen fiyatlardan faydalanmaktır. Bunun için ise hız gerekecektir. Hisse senetlerini çok hızlı şekilde ve genellikle günün sadece birkaç saati içinde alıp satan geyiklerin, bu kadar hızlı oynayabilmeleri için ellerinde çok fazla para olması gerekir.

Geyik doğası itibariyle sakin bir hayvandır. En azından yırtıcılar kategorisinde değildir. Ancak hız konusunda ün yapmıştır. Ufak bir tehlike anında bile çok hızlı hareket edebilirler. Yatırımcı açısından bu ufak tehlike şirketin kazanç raporları veya ilgili finansal tabloları olabilir. Bu verileri beklerken gayet sakin davranan yatırımcı, verileri eline alır almaz aniden işleme girebilir ki bu işlem alış veya satış yönlü olabilir.

Geyik, kısa vadeli bir yatırımcıdır. Hızlı ve kısa vadeli yatırımlarla para kazanmaya çalışır. Bu durum ise genellikle büyük miktarda nakit sermaye gerektirir ve düşüş piyasasını, yükseliş piyasasını veya tam tersini yapma yeteneğine sahip oldukları bilinmektedir. Çünkü geyik piyasasından sonra genellikle (duruma göre) boğa veya ayı piyasası gelmektedir.

Geyik kategorisine giren yatırımcılar bir boğa veya bir ayı piyasası ile ilgilenmezler. Örneğin yeni halka arz edilmiş bir hisse senedini bulurlar, derhal alırlar ve kısa süre içinde elden çıkarırlar. Bunu hızlı bir kâr elde etmelerini sağlayacak yüksek hisse senedi fiyatından faydalanmak için yaparlar.

KORKAK TAVUKLAR

Sosyal düzen delisi bir hayvan da tavuktur. Kümesine giren yabancıyı hemen tanır ve kümesin yeni çocuğuna bazen acımasız bile davranabilir. Asırlar önce evcilleşen bir hayvandan beklenmedik bir davranış şeklidir bu saldırganlık. Arka bahçenizde (şanslıysanız) görmeye alışık olduğunuz bu minik canavarların bir derdi de kanatları olduğu halde ve kuş sınıflamasına girdiği halde uçamamasıdır. Ama korktukları zaman uçtuklarında bu duruma kendileri bile inanamazlar.

Tavuklar korkaktır. Çocukken bize de derlerdi, hatırlayın. Sokakta oynarken arkasından "korkak tavuk, korkak tavuk" diye bağırılan bir çocukluk yaşamadığınızı ümit ediyorum. Evimin penceresine yumurtalamayı tercih eden "Bily"nin, kıdemli tavukların kümesine girmeye korkmasını asla unutamam.

İşte tavukların bu korkak mizaçları, onları finans jargonuna sokmuştur. Tavuk, doğası gereği riskten kaçınan yatırımcıları ifade eder. Tavuk pazarı korku pazarıdır. Tavukların belirli bir planı yoktur ve paralarını kaybetme korkusuyla hareket ederler. Borsadan korkarlar ve çoğunlukla sabit mevduatlar gibi daha güvenli finansal araçlara bağlı kalırlar. Eğer bir şekilde bir portföy oluşturmayı başarmışlarsa, mevcut portföylerinden kopmaları da kolay olmaz. Bunun sahiplenme, muhafazakarlık veya statükoyu koruma eğilimi ile ilgilisi yoktur, tamamen yenilikten korkmakla ilgilidir.

Bütün borsa hayvanları arasında olmaktan imtina edeceğiniz ilk yatırımcı tipi tavuklardır. Tavuklara yemlerini tek tek atarsanız onları isteğiniz yere sürükleyebilirsiniz. İşte tavuk yatırımcılar da böyledir. Onlara rastgele ipuçları veya kulaktan dolma bilgiler vererek, istediğiniz hisse senedine yatırım yapmalarını sağlayabilirsiniz.

Hafızalarının zayıflığıyla da bilinen tavukların bu özellikleri de borsadaki tavuk yatırımcılarda görülür. Duyguları o kadar kolay değişir ki kaybeden yatırımdan sonra yas tutmadan yeni yatırıma kollarını sıvamasına şaşırmamak gerekir. Neredeyse tek ani duygusal tepkilerini ani düşüşler sırasında verirler. Ani düşüşler sırasında oldukça sinirli ve agresif oldukları gözlenir. Bu tamamen panikten kaynaklanır ve zemin, panik durumunda yapılacak tüm yatırım hatalarına uygundur. Bir boğa ile karşı karşıya geldiklerinde ise derhal piyasaya girerler. Hem de oldukça sert biçimde girebilirler. Genellikle oynaklıkların borsaların bir parçası olduğunu unuturlar ve sürekli kayıp korkusuyla yaşarlar. Örneğin, birçok yatırımcı, grafikte kırmızı gördükleri anda tüm hisse senetlerini satabilirler.

Tavuk yatırımcıların bir diğer davranış biçimi ve bu davranışın sonucu ise kararsızlıklarıyla ilgilidir. Bu kararsızlıkları nedeniyle de kazandıklarından daha çok kaybetme eğiliminde olurlar. Bir ayı piyasasından korkmadan veya bir boğa piyasasında duayen yatırımcı hissine kapılıp kanatlanmadan önce durmayı ve düşünmeyi sevmezler. Aksine bu iki yatırım ortamı ve iki farklı duygu arasında hızlı şekilde hareket edebilirler.

Tavuklar aslında borsadan korkarlar. Korkuları, kâr elde etme güdülerinin bile önüne geçebilir. Bu nedenle daha güvenli buldukları devlet tahvilleri gibi borçlanma araçlarına veya banka mevduatları gibi muhafazakâr yatırım araçlarına yönelebilirler. Bu nedenle yatırımlarında risk toleranslarının çok düşük olduğu söylenebilir.

KATLEDİLMEYE MAHKÛM ZAVALLI DOMUZLAR

Çoğunlukla ürpertici derecede büyük cüsseleri ve çıkarttıkları garip sesleri nedeniyle pek hazzedilmeyen domuzun, evcil ve yabani yirmiye yakın türü olduğunu biliyor muydunuz? Bilinen sebeplerden dolayı doğal ortamında görmek istemeyiz. Onu ilginç yapan cesaretidir. Hatta bir gazete haberinde alet kullanmayı öğrendikleri yönünde bulgular olduğunu okumuştum. Haber şöyleydi: bir hayvanat bahçesinde tutsak olan bir domuz ailesinde anne domuzun toprağı eşelemek için (ya da her ne içinse) bir tahta parçasını ağzına aldığı ve uzun süre bu eyleme devam ettiği gözlenmiş. Bu da araştırmacıları tam bir genellemeye götürmese de domuzların alet kullanmayı keşfettikleri yönünde bir tezin ortaya çıkmasına sebep olmuş. Ancak bir anekdot vardı haberde. Vahşi oldukları halde bir kafesin içine tıkılan bu zavallı hayvanların doğal ortamlarında da aynı davranışı sergiledikleri ispat edilememiş. Aslına bakarsanız ben bu konuda kararsızım. Diğer hayvan türlerinde görmeye, alışmaya başladığımız alet kullanımı keşfi, domuzlara da sirayet etmiş olabilir. Peki, ya tutsak olan bu hayvanlar toprağı daha kolay kazarak bu esaretten kurtulmayı hedefliyorsa. Tam da bu noktada domuzun cesareti ortaya çıkar.

Domuzun borsadaki çağrışımı, çocukken duyduğumuz masallardaki sevimli ama doymak bilmeyen domuzlarla ilişkilendirildiği şekildedir. Domuz yaygın olarak aç gözlülükle ilişkilendirilir. Bu hisse senedi piyasası benzetmesi, yatırım ilkelerini ve sağlam stratejileri bir kenara atan ve açgözlülüğüne yenik düşen bir hayvandır.

Ekonomi literatürüne cesareti ve risk severliği ile giren domuzlar yatırımlarına karşı sabırsız, açgözlü ve duygusaldırlar ve sadece kendilerini düşünürler. Beklentileri açgözlülüğe dönüşen yatırımcılara genellikle domuz yatırımcı denir. Bu yatırımcıların her zaman acelesi vardır. Sabırsızdırlar ve hızlı para kazanmak için her türlü riski alırlar. Domuz piyasası, yüksek riskli (veya büyük kayıplı) bir piyasadır. *"Boğalar para kazanır, ayılar para kazanır, ancak domuzlar katledilir"* eski bir sözdür. Getiriler onlar için asla yeterli değildir ve kanıtlanmış yatırım ideolojilerini görmezden gelirler ve her zaman büyük kazanmaya çalışırlar. Çoğu zaman piyasalar, yatırımcılar veya piyasa yapıcıları yatırımcıları, aşırı açgözlülüğe karşı uyarırlar. Bu uyarıya kulak asmadıkları için borsanın en büyük kaybedenleri domuzlardır.

Bir menkul kıymetin yüksek getiri elde ettiği bir durum gördüklerinde domuzların, söz konusu menkul kıymete yatırım yapmaya devam etmek için, borç para bulmaya çalışması hatta diğer varlıklarını ipotek ettirerek yatırım yapmaya devam etmesi onların yapmasını bekleyeceğimiz bir şeydir.

Domuzlarla ilgili bir de sabırsızlık davranışı önemlidir. Sabırsızdırlar ve bu nedenle farkına varmadan çok yüksek riskler aldıkları görülebilir. Sezgi ve ipuçlarına fazla güvenirler. Bu ipuçları onların yatırım yönünü belirleyebilen bir etmendir. Çünkü hızlı para kazanmak onlar için her şeyden önce gelir. Domuz büyük kazançlar veya büyük kayıplarla sonuçlanabilecek riskli yatırımları alan bir yatırımcıdır. Risk almak getiri için katlanılabilir olduğu ölçüde yapılabilecek bir şeydir ancak domuzlar söz konusu riski gözü kara şekilde aldıkları için sorumsuz bir görüntüye sahiptirler ve tıpkı koyunlar gibi domuzlar da katledilmeye mahkûmdur.

KÖTÜ HABERE TAHAMMÜLSÜZ DEVEKUŞLARI

Devekuşuna "uç" demişler, "ben deveyim" demiş, öyleyse "koş" demişler, "ben kuşum" demiş. Anlayacağınız kritik bir noktada tepkisiz şekilde sessizliğe bürünüp hep bir bahanenin arkasına saklanmak onların doğasında vardır. Tehlike anında ise küçücük kafalarını kuma gömüp geriye kalan kısımlarını ise tehlikeyle baş başa bırakırlar. Benzer şekilde devekuşu tipindeki yatırımcılar, olumsuz ve tehdit edici bir bilgi aldıklarında görmezden gelme eğilimindedirler. Hiçbir şey yapmamanın da bir strateji olduğunu savunurlar. Tehlikeyle baş başa bıraktıkları vücutları gibi portföyleri de tehlikeye açık halde kalır ve en iyiyi ummakla yetinirler.

Eylemlerinin her zaman doğru olduğuna inanan birçok yatırımcı tipi vardır. Bu yatırımcılar, inançlarını destekleyen onay yanlılığına saplanırlar ve kendi görüşlerini desteklemeyenleri göz ardı ederler. Devekuşunun, gerçekleri görmezden gelmek için kafasını kuma gömdüğü gibi, bu yatırımcılar da kendi düşünce ve süreçleriyle uyuşmayan bilgilere kulaklarını tıkarlar. Doğal olarak, inançları tarafından kör olmak, yatırımlarına zarar verecektir. Zor zamanlarda kafalarını kuma gömerler. Hoş olmayan olayları görmezden gelirler ve bu olayların bir şekilde (açıkçası ne şekilde olduğu onları çok ilgilendirmez) ortadan kaybolmalarını umarlar. Böyle bir tutuma sahip yatırımcılara devekuşu denir.

Karlsson, Seppi ve Loewenstein (2009) yatırımcıların portföylerinin ciddi şekilde etkilenmemesini umarak, kötü piyasa koşullarında kafalarını kuma gömme şeklini tanımlamak için devekuşu ifadesini kullanan ilk kişidir.

Yatırımlar bağlamında bakıldığında devekuşları, tehlikeyi sezdiklerinde kafalarını kuma gömen gerçek devekuşu gibi hareket eder ve böylelikle sadece düşen hisse senedi piyasaları veya zorlu finansal durumlar gibi olumsuz durumları görmezden gelmeyi başarırlar. Olumsuzlukların organik olarak ortadan kalkacağı umuduna ise sıkı sıkıya bağlıdırlar.

Doğrulama yanlılığının temelinde kendi inançlarını destekleyen yeni bilgilere açıklık, diğerlerine ise kapalılık vardır. Yani eski inançlarını desteklemeyen bilgiyi görmezden gelmek ya da sadece kendi inançlarını destekleyen bilgileri önemsemek devekuşu yatırımcılardan beklenebilir davranışlardır. Onların, zaten sahip oldukları bir hisse senedi ile ilgili olumsuz haberleri duymazdan gelmesi muhtemeldir. Kötü piyasa koşullarını görmezden gelirler ve piyasanın zamanla organik olarak normale döneceği inancıyla yatırımlarını sürdürürler. Oysa bir şirketin uzun vadeli potansiyeli olduğuna inansanız bile, yatırım kararınızda piyasa koşullarındaki değişimi hesaba katmalısınız. Büyüme potansiyeli gördüğünüz bir şirkete uzun süredir yatırım yaptığınızı düşünün. Ancak piyasa koşulları da dahil olmak üzere bütün işler değişti. Burada, zorlukları göz ardı ederek yatırım yapmaya karar verdiyseniz, bir devekuşu yatırımcısı olma ihtimaliniz yüksektir.

YAVAŞ AMA KARARLI ADIMLARLA HEDEFE GİDEN KAPLUMBAĞA

Borsanın kumar değil bir yatırım platformu olduğunu söylemekten biz yorulduk, insanlar borsada oynamaktan yorulmadılar. Richard Dennis ve William Eckhardt, 1983'te herkesin borsada yatırım yapabileceğini kanıtlamak için işe koyulmuşlardır (Abraham, 2013). Emtia ticareti yapan Dennis ve Eckhart, ticarette acemi 14 yatırımcı adayı ile yola çıktı ve onlara borsada özellikle vadeli işlem piyasasında yatırım yapmayı öğretmeye başladı. Elbette bu yatırımcı adayları kaplumbağa hızında öğrendikleri için onlara *"14 kaplumbağa"* adını verdi. Beş bin dolarlık yatırımını 100 milyon dolarlık bir servete dönüştüren Dennis, zamanının en yetenekli yatırımcılarından biriydi. Mevcut finansal varlığı ve özel yetenekleri sayesinde kaplumbağalarına iki hafta içinde servet kazandıracağını iddia etti. Aslında strateji basitti. Bir düşüş trendi yakala, ucuzken al, uzun süre yükselişe geçmesini bekle ve en yüksek fiyattan sat. Zengin olmak için hayallerini de uzun vadeli kur. Ayrıca diğer yatırımcıların ve finansal danışmanların fikirlerine önem ver. Bu sayede herkes ne yaparsa sen de onu yaparsın. Eğer bunu yaparsan, yani başkalarının fikirlerini takip etmeyi sürdürürsen, onlardan fazla kazanmayı unut. Dennis'e göre bu iki eylem yanlış eylemlerdir. Bunun yerine bir piyasadaki her bir teklifi tek tek izlemek yararlı olmaz, riske atmak için hazırda bekleyen 10.000 dolarınız varsa her defasında sadece 2.500 dolarını riske at ve bir kayıpla karşılaştığında nerede durman gerektiğini bil.

Temel stratejileri telif hakkıyla korunmakla birlikte Dennis'in fikirlerine ilişkin bazı bilgileri Michael Covel (2022), *"The Complete TurtleTrader: The Legend, the Lessons, the Results"* adlı kitabında şöyle açıklar:

- *Ticaret kararlarınızı verirken televizyondan veya gazete yorumcularından gelen bilgilere güvenmek yerine fiyatlara bakın.*

- *Alım ve satım sinyalleriniz için parametreleri belirlemede biraz esnek olun. Farklı pazarlarda farklı parametreleri takip etmekten çekinmeyin.*

- *Girişinizi planladığınız gibi çıkışınızı da planlayın. Ne zaman kâr edeceğinizi ibrenin ne zaman zarara döneceğini öngörmeye çalışın.*

- *Daha az dalgalı piyasalarda daha büyük pozisyonlar alın, daha çok değişken piyasalardan uzak durun.*

- *Tek bir işlemde hesabınızın %2'sinden fazlasını riske atmayın.*

- *Büyük getiriler elde etmek istiyorsanız büyük düşüşlere hazırlıklı olun.*

Gelelim asıl soruya. Kaplumbağalar başardı mı? EVET. Beş yılda 175 milyon dolar kâr elde ettiler. Ama bu göklerden gelen bilgiler, açılan fallar, yönetim kurulu toplantılarındaki çaycıların dışarıya bilgi satmaları ve içeriden öğrenenlerin ticareti ile olmadı. Dennis'in yaptığı şey bu kaplumbağalara borsanın bir kumar olmadığını öğretmekti. Teknik analizin yadsınamaz faydasını anlatmaktı. Fiyatlardaki kırılmaları tespit edip çıkış zamanının geldiğini anlayabilmelerini, kısa süreli alım satımlarda piyasanın yaşayacağı ikili trenleri görebilmelerini, piyasanın yatırımcıya gönderdiği giriş veya çıkış sinyallerini okuyabilmelerini sağlamaktı.

Kaplumbağa ile tavşanın masalını bilirsiniz. Hangisinin bitiş noktasına daha kolay geldiği bizi ilgilendirmiyor. Biz kaplumbağanın bitişe gelip gelmediğine bakalım. Hem zaten kitabın tavşanlar bölümünde bu hayvanları uzun uzun konuştuk. Dileyen masalın ikinci kahramanını oradan da okuyabilir.

Bitiş noktasına ne kadar kısa sürede geldiğiniz değil, sebat ederek o noktaya ulaşmak için ne kadar çalıştığınız önemlidir. Bu masalın asıl kahramanı kaplumbağaya aşina olduğumuza göre, kaplumbağa tipi yatırımcıların nasıl bir yatırım zihniyeti sergilediklerini tahmin edebiliriz.

Kaplumbağalar tavşanların tam tersidir. Daha uzun süre yatırımda kalmayı seven yatırımcılardır. Kaplumbağalar, uzun vadede büyüme ve onlara yatırım yapma potansiyeline sahip hisse senetlerine güvenmeyi severler. En az sayıda işlem yaparlar ve kısa vadeli piyasa fiyat dalgalanmalarından rahatsız olmazlar. Yaptıkları işlemlerdeki kararlılıkları ve ağır adımlarla hedefe kitlenmelerinden onları hemen tanıyabilirsiniz. Bu yatırımcılar uzun vadede sistematik olarak hisse senedi veya yatırım fonlarına yatırım yaparlar ve oynaklık veya eğilimlerden bağımsız olarak ağır ağır ilerlemeye devam edeceklerdir. Tekrar etmekte fayda var: *SONUNDA HER ZAMAN KAPLUMBAĞALAR KAZANIR!*

Kaplumbağa ile benzer özellik taşıyan bir başka hayvan metaforu *salyangozlardır.* Bazı yatırımcılar minimum getiriden memnundurlar. Düşük getirili hayat sigortası poliçeleri veya klasik banka mevduat hesaplarına para yatırmak onların yatırımlarından memnun olmaları için yeterlidir. Bu tip yatırımcılardaki sorun tasarruflarının enflasyon karşısında giderek erimesine rağmen bunu görmemeleridir. Zira piyasalar hakkında çok fazla şey bilmezler. İşte bu yatırımcılar salyangoz tipindedir.

SÜRÜYE UYMAYA ALIŞIK KOYUNLAR

Savunmasız hissettiği için tedbirli davranmaya özen gösteren bir türdür koyunlar. Görsel olarak sürekli tetiktedirler ve elbette sürü iç güdüsü epey gelişmiştir.

Bağımsız veya eleştirel düşünmeksizin sürüyü körü körüne takip edebilen, disiplin, odak veya stratejiden yoksun yatırımcılara alaycı bir ifadeyle koyun denir. Koyunlar, daha deneyimli piyasa profesyonellerinin aksine piyasa hareketlerine geç tepki verirler ve kötü tavsiyelere karşı savunmasız olarak kabul edilirler.

Koyunlar takipçidir. Konu piyasa ise destek almayı severler. Arkadaşlarından, ailelerinden ve hatta televizyonda gördükleri bir yorumdan etkilenmeleri kolaydır. Bu yorumların kim tarafından yapıldığına veya bu önerilerin, amaca uygun olup olmadığına bakmaksızın, gelen önerilere sımsıkı sarılırlar.

Koyunların bir diğer önemli davranış tipi sürü psikolojisine yatkınlarıyla ilgilidir. Genellikle bir yatırım tavsiyesine körü körüne, kendi düşüncelerini koymadan uyarlar ve kendi yatırım stratejilerini oluşturma konusunda kendilerine güvenmezler. Sürü zihniyetleri nedeniyle koyun yatırımcılar boğa piyasasından en son yararlanan yatırımcılardır çünkü boğa piyasasına girmek için diğerlerinin girmesini beklerler. Ayı piyasası zamanlarında ise asıl yükü çekenler yine koyunlardır çünkü bu piyasadan çekilmek için de başkalarının çekilmesini beklemeyi tercih ederler.

Sosyal medyadaki takipçi sayısı ile belirlenen popü-
lerlik konusu gündeme popüler hisse senetleri getirmeye
başlamıştır. Koyunlara mükemmel bir örnek, yatırım ka-
rarları için podcast yayıncılarını veya YouTuber'ları körü
körüne takip eden yatırımcılardır. Çoğunlukla bu tavsi-
yelerde cebinize çok zarar verecek hatalı yorumlar olur.
Ancak bir koyunun bu hatayı görmesi mümkün değildir.

Koyunlarla ilgili üzücü bir durum, Wall Street aksi-
yomuna dönüşmüştür: "Koyunlar katledilmesi mubah ya-
tırımcılardır". Bir başka ifadeyle koyunlar öncelikle göz-
den çıkarılabilecek gruptur.

FİLLER VE FİLLERİ AVLAMAK

Filler, piyasaları kendi başlarına hareket ettirebilen büyük kurumsal yatırımcılar için argo bir söylemdir. Filler yüksek hacimli ticaret yapmak için çok büyük bir paraya sahiptir. Fillerin uğraştığı büyük hacimli menkul kıymetler üzerinde aldıkları herhan-gi bir yatırım kararı, bu menkul kıymetin fiyatı üzerinde büyük bir etkiye sahip olabilir. En yaygın filler ticari bankalar, yatırım fonları, riskten korunma fonları, emeklilik fonları ve sigorta şirketleridir. Bunlar profesyonel olarak yönetilen kuruluşlardır. Menkul kıymet piyasalarında arz ve talebin arkasındaki en büyük güç bu şirketlerdir ve borsalarda büyük işlemlerin çoğunu bunlar gerçekleştirir. Bu durum ise bu şirketlerin hisse senedi fiyatlarını büyük ölçüde etkiledikleri anlamına gelir. Çünkü bireysel yatırımcılar 100 veya daha fazla hisse senedini yuvarlak lotlarda alıp satarken, kurumsal yatırımcılar 10.000 veya daha fazla hisseyi blok alım satımlarda alıp satarlar. Şöyle bir örnek verelim: Bir yüzme havuzu düşünün. Bir fil havuza girerse (bir pozisyon alırsa), su seviyesi (hisse senedi fiyatı) artar; fil havuzdan çıkarsa (pozisyon satarsa), su seviyesi (hisse fiyatı) düşer. Bir başka ifadeyle havuzdaki suyun miktarını belirleyen fildir.

Filler, çeşitli yatırım seçeneklerini kapsamlı bir şekilde araştırmak için kaynaklara ve uzmanlık bilgisine sahiptir. Bu nedenle, küçük yatırımcılar hangi menkul kıymetleri satın aldıklarını belirlemek için genellikle filleri inceler. Teoride, yatırım dünyasının fillerinin bir sonraki işlemde nereye yatırım yapacağını tahmin etmek, küçük yatırımcılara bir servet kazandırabilir. Ancak bu devlerin büyük alım satımları hisse fiyatlarını önemli ölçüde artırma ya da azaltma eğiliminde olduğundan, fillerin hamlelerini takip etmek pek akıllıca olmayabilir.

Filleri avlamak, büyük şirketleri veya müşterileri hedef almayı tanımlar. Fil avlamak, bir mal veya hizmet satmak için çok büyük müşterilerin peşinden gitme ve aynı zamanda satın alma için büyük şirketleri hedefleme stratejisini tanımlamak için kullanılan bir terimdir. Örneğin Google iyi bir fil örneği olabilir. Elbette herkesin harcı değildir bir fili avlamak. Ama örneği de yok değildir. Warren Buffett, yatırım dünyasında popüler bir fil avcısıdır ve genellikle potansiyel hedef şirketlerine "filler" olarak atıfta bulunur.

Satış açısından bakıldığında fil avlamak, büyük alımlar yapacak kurumsal düzeyde müşteriler bulmayı vurgular. Bir şirket bir "fil" satışını kapatabilirse, özellikle çok yıllık bir sözleşme alabiliyorsa, gelirleri üzerinde önemli bir olumlu etki görebilir.

Filler, meşhur totem direğinin en yükseğidir ve en fazla geliri getirenlerdir. Totem direğinin diğer üyeleri arasında geyikler, tavşanlar, fareler ve sinekler de vardır, her biri daha düşük getiri sağlar ancak avlanmaları daha kolaydır. Bu nedenle, bazı şirketler bir fili hedefleyebilirken, aynı geliri elde etmek için zamanlarını örneğin 10 geyik, 100 tavşan, 1.000 fare veya 10.000 sinek yakalamaya veya elde etmeye harcamayı da seçebilirler. Satın almaya talip olan şirketin hangisine karar vereceği hedefteki şirketin büyüme potansiyeline de bağlıdır. Örneğin hedef şirketin satın alma maliyeti çok yüksek olabilir ve bazı durumlarda algılanan değeri, satın alacak şirketin beklediği kazancın çok üstünde olabilir. Bu, genellikle yaşam döngülerinin ilk aşamalarında oldukları için teknoloji şirketleri için geçerlidir. Bu durumda pazardaki farklı potansiyellere yönelmek mantıklı olacaktır.

ÖDÜL MÜ YOKSA CEZA MI- BEYAZ FİL METAFORU

Elinizde bulundurduğunuz ve sırf bu nedenle bile size maliyet yüklemeye devam eden her şey beyaz fildir. Beyaz fil, bakım maliyeti yararlılığı veya değeri ile uyumlu olmayan külfetli bir varlık, mülk veya yatırımdır.

Aslında beyaz fil kavramı Tayland kültüründen literatüre girmiş bir kavramdır. Beyaz filin köklerini şu anda Tayland olarak bilinen eski Siam'da aramak gerekir. Fil, Tayland kültürü üzerinde önemli bir etkiye sahipti. Tayland fili, Tayland'ın resmi ulusal hayvanıdır. Tayland kültüründe nadir bulunan ve bakımı pahalı beyaz filler, hükümdarlar tarafından bazı kişilere hediye olarak verilir. Ancak bakımları o kadar zahmetli ve maliyetlidir ki bu hediyeyi alan kişi beyaz fili bir ödülden çok ceza olarak görür. Aslında hükümdar beyaz fili hediye edeceği kişiye, filin yanı sıra ciddi miktarda bir toprak parçası da verebilir. Bu iki hediye hükümdarın o kişiye değer verdiğini simgeler. Ancak toprak vermeden sadece beyaz fili hediye ediyorsa hükümdar o kişiyi bitirmek istiyor demektir. Zira masraflarını karşılayamayacağı, hükümdar tarafından hediye edildiği için elden de çıkaramayacağı beyaz fil, kişiler için tam bir para çukuru haline gelirdi.

Yatırım açısından bakıldığında, bu terim, işletmesi ve bakımı çok pahalı olan ve ondan gerçekten kâr elde etmenin son derece zor olduğu bir varlık, mülk veya işletmeyi ifade eder. Kârsız gayrimenkuller ve likit olmayan varlıklar yatırım dünyasında beyaz filler olarak bilinir. Bunların zarar etmeden elden çıkarılması oldukça zordur.

Şirketler için yüksek maliyetli sabit yatırımlar beyaz fil olarak örneklenebilir. Sabit maliyetler şirketin içinde bulunduğu çevreden kaynaklanan değişimlere ayak uydurmasını zorlaştırdığı ve hareket alanını daralttığı için tam bir beyaz fildir. Faaliyet gösterilen alanın gereklilikleri nedeniyle veya gelecekte şirket kârlılığını sağlayabilmek için elden çıkarma amacıyla sabit varlık tutulabilir. Ancak ekonomik koşullar değişirse bu varlıklar beyaz fillere dönüşebilir. Örneğin, bir şirketin beklenen talebi karşılamak için yeni ürün hattı ya da bir fabrika kurduğunu varsayalım. Ürün satılmazsa, bu yeni fabrika, şirketin bakım masraflarını karşılayacak kadar bile gelir getirmeyen, şirketin gelir tablosuna pozitif katkı yapmayan hatta şirket gelirlerini negatif etkileyen pahalı bir mülk haline gelir.

ABD'de Empire State binası zamanın en büyük beyaz fillerinden biridir. Mülk, tamamlanmasından 20 yıldan fazla bir süre sonra bile yani 1950'lere kadar kârlı bir yatırım olarak görülmedi. Oysa Büyük Buhran döneminde inşa edilen bina, bu amaçla planlanmasına rağmen bir ofis binası olarak kaldı. Şimdi ise bir gayrimenkul yatırım ortaklığına ait olan bina, sahiplerine çok ciddi karlar getirmektedir.

SADIK DOST KÖPEKLER VE DOW KÖPEKLERİ

Sadık dostlarımız. Ama finansal piyasalarda durum biraz farklıdır. Eğer bir hisse senedi veya başka bir menkul kıymet iyi bir performans göstermiyorsa, köpek olarak kabul edilir. Düşük fiyat dendiğinde aklına "al" gelenler olabilir. Bir noktada mantıklı gibi de görünebilir. Ancak Dow Köpekleri teorisine göre Dow30'da en yüksek kâr payı getirisine sahip bir hisse senedi satın alırsanız, %13'lük bir geri dönüş görebilmek için yaklaşık 10 ile 15 yıl arasında beklemelisiniz. Zamanınız varsa buyurun lütfen...

Köpekler, sektördeki benzerlerine veya daha geniş bir piyasaya kıyasla düşük performans gösteren hisse senetlerini tasvir eder. Düşük performansları nedeniyle ciddiye alınmaları neredeyse imkânsızdır. Analistlerin beklentisi bunların toparlanma sinyali vermesidir.

Dow Köpekleri, "mavi çipli hisse senetlerinin[2]" kâr paylarını, alım satım koşullarını yansıtacak şekilde de-

---

2 "Mavi çip" adı, mavi çiplerin en yüksek değere sahip olduğu poker oyunundan gelmektedir. Mavi çipli şirketler en iyileridir. Göreceli bir kavram olmakla birlikte "iyi" ifadesi, olumsuz ekonomik koşullar karşısında ekonomik gerilemeleri atlatmayı başaran ve kârlı bir şekilde faaliyet göstermeye devam eden, piyasa değeri 5 milyar doları aşan şirketleri tanımlar. Mavi çip, yerleşik, istikrarlı ve iyi tanınan bir şirketi ifade eder. Kanıtlanmış başarı geçmişi ve istikrarlı büyüme ile nispeten daha güvenli yatırımlar olarak görülürler. Bu hisse senetleri sermayenin korunması için harikadır ve tutarlı temettü ödemeleri yalnızca gelir sağlamakla kalmaz, aynı zamanda portföyü enflasyona karşı korur. Ancak, Lehman Brothers'ın çöküşü veya ekonomik krizin General Motors üzerindeki etkisi gibi dalgalanma ve başarısızlığa maruz kalma ihtimalleri de yok değildir.

ğiştirmediği ve bu nedenle kâr payının, şirketin ortalama değerinin bir ölçüsü olduğu önermesine dayanır. Dow Köpekleri, her yıl en yüksek temettü ödeyen hisse senetlerini satın alarak Dow Jones Endüstriyel Ortalamasını (DJIA) yenmeye çalışan bir yatırım stratejisidir. İlk olarak 1991'de yayınlanan strateji, mali krizi takip eden 10 yıl boyunca DJIA endeksini geçme konusunda bir geçmişe sahiptir.

Dow köpekleri stratejisi, her yıl DJIA'dan alınabilecek en yüksek getiriyi sağlayan temettü hisselerini satın alarak yatırımların getirisini en üst düzeye çıkarmaya çalışır. Stratejinin geçmiş performansı, mali krizi takip eden 10 yıllık süreçte endeksi geçtiğini göstermektedir.

Dow, dünyanın en eski ve en çok takip edilen endekslerinden biri olduğu ve genellikle daha geniş bir pazar için bir barometre olarak görüldüğü için piyasa stratejistlerinin yatırım tekniklerini DJIA'nın bazı bileşenlerine dayandırması nadir değildir. Köpekleri izlemenin ana nedeni, kabaca Dow ile aynı doğrultuda performans gösterecek şekilde tasarlanmış basit bir formül sunmasıdır.

Dow'un Köpekleri, mavi çipli şirketlerin temettülerini ticaret koşullarını yansıtacak şekilde değiştirmediği ve bu nedenle temettünün, şirketin ortalama değerinin bir ölçüsü olduğu fikrine dayanır.

Bu menkul kıymetleri satın almanın birçok yolu vardır. Tek tek hisse senetlerini seçebilir ve kendi portföyünüzü oluşturabilir, borsada işlem gören fonlar aracılığıyla doğrudan Dow'a yatırım yapabilir veya hisse senetleri bir bütün olarak Dow'dan daha iyi getiri sağlayan Dow'un Köpekleri stratejisini takip edebilirsiniz. Buradaki fikir, hisse senedi toplamayı biraz kolay ve nispeten güvenli hale getirmektir.

KURT KOCAYINCA... TOPAL ÖRDEKLER

Topal ördek, günün taleplerini karşılayamayan ve borç içinde olan bir yatırımcıdır. Bu terim, iflas etmiş yatırımcılara atıfta bulunmak için de kullanılır. Kullanım, yatırımcıların günün sonunda borçlu oldukları tutarı ödeyemedikleri Londra borsasının ilk günlerinden kaynaklanmaktadır. Bugünün zamanında, bir marj çağrısı topal bir ördek için bir örnek olarak kabul edilebilir.

Topal ördek terimi ekonomi literatüründen başka siyaset literatüründe de sık duyulan bir ifadedir. ABD seçimlerinde sıklıkla görülür. Bir başkan vardır ve seçim kuralları gereği görev süresi devam ederken yerine yeni bir başkan seçilir. Yeni başkan göreve başlayana kadar geçen "uzunca" bir sürede eski ve aslında halen görevde olan başkan tam bir topal ördektir. Kalan sınırlı görev süresi nedeniyle alacağı kararlarda daha pasiftir ve diğer siyasetçiler üzerinde daha az etkiye sahiptir. Bir daha seçilme şansı olmadığını düşünen veya siyaseti bırakmaya karar veren devlet başkanları genellikle topal ördek olarak bilinir.

Milyonlarca insanın oylarıyla seçilmiş, verdiği kararlarla savaşlar başlatmış, savaşlar bitirmiş, ekonomik kararlarıyla (ya da yaptırımlarıyla) dünyaya nam salmış ABD başkanlarının neredeyse hepsi, görev sürelerinin sonunda topal ördek olurlar. Obama'nın veda konuşmasındaki kalabalığı susturmayı başaramadığında söylediği söz bazılarının yüreğine dokunabilir. *"Bana topal ördek diyebilirsiniz, çünkü artık hiç kimse sözümü dinlemiyor."* Ardından vicdan gelir ve son akşam idam mahkûmlarına af çıkararak aldığı tüm hatalı kararlardan dolayı kendini affettirir. Trump döneminin son günlerini ise yakın zamanda birlikte yaşadık. Görev süresinin son günlerinde yaptığı konuşmalar ve sosyal medya paylaşımları nedeniyle adalet önünde hesap vermek zorunda kalmıştır. Buradaki tek fark, son günleri olmasına rağmen kendisini ve emirlerini dinleyen çok sayıda insan olmasıdır!..

Terimin, 18.y.y.'da Londra Borsasında borçları temerrüde düşen borsacılar için kullanılmaya başlandığı sanılmaktadır. İlk yazılı olduğu metin ise tarihteki ilk İngiliz Başbakanı Robert Walpole'un oğlu, yazar Horace Walpole'un bir mektubudur: *"Boğa, ayı ve topal ördeğin ne olduğunu biliyor musunuz?"* Boğa ve ayı piyasalarını yakından tanıyoruz. Topal ördek ise piyasada beyaz bayrağı çeken, havlu atan yatırımcıdır. Çok kayıp veren yatırımcının, kendisi için bir çıkış bulamadığında ve iflas açıklamasından başka bir çare göremediğinde yaşadığı durumu ifade eden bir kinayedir.

BORSANIN DEVLERİ BALİNALAR

Balina, borsada alışılmadık derecede büyük bir sipariş veren, genellikle anonim bir yatırımcıdır. Balinaların emirleri hisse senedinin gidişatını değiştirebilir ve piyasa hareketlerini de önemli ölçüde etkileyebilir. Hedge fonlar en çok balina emirleri ile ilişkilidir.

Borsada yüksek etkili işlemler yapan bireysel yatırımcılar veya kurumsal yatırımcılar borsanın balinalarıdır. Onların mega ölçekli işlemleri borsaları kolaylıkla etkileme potansiyeline sahiptir. Balina olmayanların yapması gereken ise onları sıkı bir gözlem altına almaktır. Bu sayede balinaların gittiği yönü borsanın gideceği yön olarak tayin edebilirler.

Kripto para dünyasında da bir balina vardır: *Bitcoin Balinası.* Bir bitcoin balinası, büyük miktarda bitcoin tutan kişi veya kuruluşlara atıfta bulunan bir kripto para birimi terimidir. Büyük bitcoin sahiplerine balina denir çünkü hareketleri küçük balıkların yüzdüğü suları rahatsız eder. Pareto ilkesi olarak bilinen 80-20 kuralı bu piyasada da geçerlidir. Bitcoin sahiplerinin kaymak tabakası olan %20'si ABD'deki bitcoin değerinin %80'inden fazlasına sahiptir.

Balina aynı anda büyük miktarda bitcoin hareket ettirirse oynaklık artar. Diğer yandan özellikle bir hesapta hareketsiz duruyorsa likidite ve oynaklıkta azalış beklenebilir.

KÖPEKBALIKLARINA YEM OLMAK

Köpekbalıkları yatırımcılar için tehlike anlamına gelir. Bunlar geleceği belirsiz hisse senetlerinden çok büyük alımlar yapar, böylelikle küçük yatırımcıları cezbederler. Piyasayı yanıltma ve diğerlerini zarara uğratma noktasında köpekbalıklarının rolü yadsınamaz. Kendi aralarında ticaret yaparak hisse senetlerinin fiyatlarını balon yapabilirler. Bu balondan şüphelenmeyen sıradan yatırımcı ise yanlış bir alım yaparak almaması gereken bir hisse senedi ile baş başa kalabilir.

Bir diğer açıdan düşmanca bir devralma teklif eden veya bu düşmanca devralmayı bizzat yürüten şirketler için de köpekbalığı terimi kullanılır. Bir şirket, yönetim kurulu tarafından reddedildikten sonra halka açık bir şirketi satın almak için hissedarlarına teklifte bulunursa veya yönetim kurulunu tamamen devre dışı bırakırsa, satın alan şirkete köpekbalığı denir. Bir diğer ifadeyle hedef şirketin yönetimine düşman olan ve şirketi devralmakla ilgilenen bir yatırımcı veya şirkete köpekbalığı denir. Köpekbalığı yatırımları ise daha küçük yatırımcıların sahip olduğu birçok benzersiz özellik ve avantajdan yararlanmak için tasarlanmış bir borsa yaklaşımıdır.

Hedef firmaların köpekbalıklarına yem olmaması için bazı stratejilerden söz edilebilir. Köpekbalığı gözlemcileri bunlara örnek olarak verilebilir. Bir şirket devralınmak istemediğinde, potansiyel köpekbalığı şirket, düşmanca bir devralmaya karar verebilir. Bu, devralmanın arkasındaki şirket, açık piyasada veya mevcut hissedarlardan hisse satın alarak hedefin yeterli payını almaya çalıştığında ortaya çıkar. Satın alanlar ayrıca şirketin kontrolünü ele geçirmeye ve devralmayı onaylamak için yönetim ekibini değiştirmeye çalışabilirler. Köpekbalığı gözlemcisi terimi, düşmanca devralmaların erken tespiti konusunda uzmanlaşmış bir profesyoneli veya şirketi ifade eder. Köpekbalığı gözlemcileri, daha büyük şirketler tarafından hedef alınma olasılığından endişe duyan şirketler tarafından işe alınır. Kimin hisse biriktirdiği ve edinilen hisse sayısı gibi olası bir düşmanca devralmaya işaret edebilecek bir şirketin piyasadaki ticari faaliyetinin yönlerini izlerler. Bir köpekbalığı gözlemcisi, bir devralma girişimi sonucunda ortaya çıkabilecek olası risk arbitraj fırsatlarıyla ilgilenen üçüncü bir tarafça da işe alınabilir.

Düşmanca devralmalarda kullanılan metotların bazılarını "Piyasaların Savaş Alanları" başlığında bulabilirsiniz.

MUTLAKA BİR TANE DAHA VARDIR-HAMAM BÖCEĞİ TEORİSİ

Hindistan'da orta halli bir ailenin çocuğu olarak dünyaya gelmek ve Standford Üniversitesinde burs alarak ABD'ye yerleşip dünyanın en büyük şirketlerinin birinde CEO olarak hayatını sürdürmek, sadece masallarda olmuyor. Google'ın CEO'su Sundar Pichai tam da böyle bir yaşama sahip. Ben şahsi olarak tesadüflere veya şansa inanmam. O nenenle bu hikâyenin ardındaki derin sebeplere bakmak gerekir diye düşünüyorum. Zira Pichai'yi bu konuma getiren şey bence herkesten farklı düşünebilme kabiliyetine sahip olmasıdır.

Hamam böceği teorisini Türkçe olarak Google'a yani Pichai'nin CEO'su olduğu şirketin arama motoruna yazdığınızda ilk sayfalarda Pichai'nin bir hatırasını anlattığı makalelere rastlarsınız. Bir gün bir kahve dükkânında otururken karşılaştığı bir olayı anlatır. Her şey ve herkes sakin şekilde kahvesini içerken ortaya çıkan bir hamam böceği, bu hamamböceğine çığlık atarak tepki gösteren insanlar ve sonunda masaya sakince yaklaşıp hamam böceğini alıp dışarıya çıkartan bir garson... Muhtemelen pek çoğumuz bu olayı cümleye "bugün çok güldüm" şeklinde başlayarak anlatırız. Ama Pichai duruma farklı açıdan yaklaşan ve düşünmeyi daha doğru bir ifadeyle farklı düşünmeyi bilen biri olarak durumu şöyle özetler: *"Yaşanan tüm olayın ardından acaba ufacık ve bilinçsiz bir canlı olan hamam böceği tüm bu çılgınlığın sorumlusu olarak gösterilebilir miydi? Eğer bu doğruysa garson neden diğerleri gibi rahatsız olmamış, sakinliğini korumuştu? Diğer herkes paniğe kapılıp ola-*

yı çözemezken, garson sakinliğini hiçbir şekilde bozmadan olaya sakince yaklaşmıştı. Hayır, problem hamam böceğinde değildi. Problem, insanların hamam böceğinden duydukları rahatsızlığı yönetmekteki başarısızlığındaydı."

Bu olaydaki kahve dükkânının bundan sonra yapması gereken nedir peki? Muhtemelen bu hamam böceklerinden daha fazlası vardır diyerek tüm dükkânı temizlemek en doğru hareket olacaktır. Warren Buffet'ın dediği gibi *"Mutfakta asla tek bir hamam böceği yoktur."*

Finansal piyasalardaki hamam böceği teorisi de tam olarak bunu söyler. Yani eğer ortada ufak bir kötüye gidiş varsa muhtemelen devamı gelecektir. Çünkü bir hamam böceğinin görünür varlığı, muhtemelen henüz bulunamayan birçok hamam böceğinin varlığını gösterecektir.

Hamam böceği teorisi, bir şirket halka kötü bir haber verdiğinde, gelecekte daha birçok ilgili olumsuz olayın ortaya çıkabileceğini belirten bir piyasa teorisine atıfta bulunur. Kötü haberler, bir getiri kaybı, bir dava veya başka beklenmedik olumsuz bir olay şeklinde gelebilir. Hamam böceği teorisi terimi, bir hamam böceği görmenin genellikle çok daha fazlasının olduğuna dair kanıttır diyen yaygın inançtan gelir. Yatırımcılar, kötü haberler nedeniyle aynı sektördeki diğer varlıkları yeniden gözden geçirebileceklerinden, hamam böceği teorisi bir bütün olarak piyasa üzerinde olumsuz bir etkiye sahip olma eğilimindedir. Kavram hem şirketleri hem de tüm endüstrileri etkileyen durumları tanımlamak için kullanılabilir.

Şirketlerin dış çevre koşullarına maruz kaldıklarından servetlerinin hem dış hem de iç güçlere bağlı olduğu söylenebilir. Bu nedenle bir şirket dış güçlerden olumsuz etkilendiğinde, sektördeki emsallerinin aynı güçlere karşı bağışık olması pek olası değildir. Bu nedenle, bir şirketin talihsizliği kamuoyuna açıklandığında, benzer talihsizliklerin benzer şekilde etkilenen diğer şirketlerin de başına gelmesi muhtemeldir.

Hamam böceği teorisinin piyasada zararlı etkileri olabilir. Yatırımcılar, bir sektördeki bir veya daha fazla şirketle ilgili kötü haberlerle karşılaştıklarında, genellikle aynı sektördeki diğer şirketlerdeki yatırımlarını yeniden gözden geçirirler. Bazı durumlarda, haberler yatırımcıları söz konusu endüstriye ait tüm yatırımlarından vazgeçirecek kadar olumsuzdur ve bu da tüm sektör genelinde hisse fiyatlarının düşmesine neden olabilir. Ayrıca bir şirketin karıştığı bir skandal, sektördeki diğerlerini araştıracak olan piyasa düzenleyicilerinin ilgisini çekebilir. Örneğin Enron skandalı, yasadışı muhasebe uygulamalarının başlangıçta inanıldığından daha yaygın olabileceğini düşündürmüştür. Skandal aslında piyasa düzenleyicilerini ve yatırımcıları, potansiyel mali suiistimal konusunda uyarmaktadır. Gerçekten de sonraki 18 ay boyunca, benzer muhasebe skandalları, WorldCom, Tyco ve Adelphia dâhil olmak üzere bir dizi başka şirketi çökertmiştir.

Türkçe ifadeyle "ateş olmayan yerden duman çıkmaz" denilebilir hamam böceği teorisi için... Yani bir yerlerde duman varsa orada ya ateş vardır ya da daha kötüsü yangın.

Hamam böceği teorisi genel olarak ortalamaya geri dönüş veya başarının başarısızlığı doğurduğu fikri ile de ilgilidir. Bir hamam böceğinin görülmesi, bir trendin tersine döndüğünün erken bir göstergesi gibidir, yani takip eden trendin uzun vadeli ortalamasına geri döndüğünün erken bir göstergesidir. Ortalamaya dönüş ise finansal piyasaların demir kuralıdır.

MASAL DEĞİL GERÇEK- TEK BOYNUZLU ATLAR

Finans dünyasında tek boynuzlu at aslında gerçektir. Genellikle teknoloji endüstrisinde faaliyet gösteren ve risk sermayesi endüstrisinde değeri bir milyar doları aşan özel girişimlere tek boynuzlu at denir. Öyle ki değeri bir milyar dolar olan bir şirket günümüz piyasalarında ancak efsanevi bir yaratık olan tek boynuzlu at terimi ile açıklanabilmektedir.

Terim ilk olarak Palo Alto, California merkezli bir başlangıç aşamasındaki risk sermayesi fonu olan Cowboy Ventures'ın kurucusu olan risk sermayedarı Aileen Lee tarafından popüler hale gelmiştir. Bugün bazı popüler tek boynuzlu atlar arasında SpaceX, Robinhood ve Instacart sayılabilir ve Mart 2022 itibariyle dünya çapında 1.000'den fazla tek boynuzlu at vardır. Bu şirketlerin toplam değeri 3.516 milyar doların üzerindedir. Ve elbette bunların içinde Google ve Meta (Facebook) vardır. Ancak teknoloji sektörünün bu tek boynuzlu atlarının 1990'ların sonlarındaki dotcom balonunun yeniden şişmesini neden olup olmadığı sorusu tartışma yaratmaya devam etmektedir.

Türkiye'de de bazı şirketlerin tek boynuzlu at veya efsanevi ismiyle unicorn oldukları bilinir. En yakın örnek "Getir"'dir. Yakın zamana kadar bir *"unicorn"* olan şirket, Mart 2022 itibariyle yeniden değerleme sonucunda 11,8 milyar dolarlık bir değere ulaşmıştır. Bu da onu, değeri 10 milyar doları aşan şirketlere verilen bir isim olan *"decacorn"* ismini almaya hak kazandırmıştır.

Tek boynuzlu atların değeri genellikle yatırımcıların ve risk sermayedarlarının bu şirketlerin nasıl büyüyecekleri ve gelişecekleri konusundaki hisleriyle ilgilidir. Bu durum, yatırımcıların değerlemelerinin, şirketlerin finansal olarak performans gösterme biçimleriyle hiçbir ilgisi olmadığı anlamına gelir. Bu uzun vadeli yatırımcı tahminleri genellikle piyasadaki eş değer şirketler dikkate alınarak yapılır. Ancak bazı durumlarda söz konusu şirket piyasadaki ilk olabilir. Bu durumda yatırımcı ve fonlayıcıların karşılaştırma yapacakları bir iş modeli yoktur ve bu da tahmin sürecini daha zorlu hale getirecektir.

Tek boynuzlu at metaforu sadece finansal piyasalarda değil farklı alanlarda da kendini gösterebilir. Örneğin insan kaynakları departmanları bir pozisyonu doldurmak için yüksek beklentilere sahip olabilir ve bu da onları belirli bir iş için gerekenden daha yüksek niteliklere sahip adaylar aramaya yöneltebilir. Özünde, bu yöneticiler aslında bir tek boynuzlu at aramaktadırlar.

NAKİT SAĞMALI İNEKLER

9000 yıl önce Batı Asya, Afrika, Çin ve Hindistan'da evcilleştirilmiş ve yaklaşık 1000 kadar farklı türü olan inekler, hemen her şeyinden faydalandığımız hayvanlardır. Eti, sütü, derisi, kemiği, gübresi ve canlıyken gücü adeta pek çok endüstrinin girdisi durumundadır. Muhtemelen çoğumuzun yakından tanıdığı bu hayvanla ilgili pek bilinmeyen davranış özellikleri vardır. Örneğin sosyallikleri. Sosyalleşme inekler için önemlidir. Bu sayede grubun içindeki diğer inekleri, sahibini ve yaklaşık elli kadar farklı insanı tanıyabilirler. Bu durum tamamen tecrübemle sabittir. Gruplarının içinde bir hiyerarşi vardır ve bu hiyerarşi onlara dominantlık veya resesiflik sağlar. Geçiş üstünlüğü ineklerde de dominant olandadır. Ayrıca tıpkı bizler gibi kişisel alanları vardır. Eğer bir inek sizi tanımıyorsa ve üç metreden daha yakınındaysanız, bence oradan uzaklaşın, çünkü boynuzlanma ya da tepilme ihtimaliniz vardır!

Peki, piyasaların ineklerle bağlantısı nedir? Piyasaya mı inek piyasası diyeceğiz yoksa yatırımcıya mı? Durum ineklerde biraz farklıdır. Şöyle ki, inekler şirketlerdir. Yani güvenilir ve bol bir fon kaynağı veya istikrarlı bir kâr akışı sağlayan bir şirket tam bir inektir.

Finansal piyasalarla büyükbaş hayvanların ilişkisi çok eski zamanlara dayanır. Tarihsel dilbilimciler, maddi veya parayla ilgili anlamına gelen "*pecuniary*" ve "*pecus*" kelimesinin (Latincede "*pecuniaria*", "*pecunia*" şeklinde yazılır) kökeninin eski Yunancadaki "*pékein*" veya "*pókos*" kelimelerinden türediğini iddia eder. Bu da Sanskritçe'de sığır anlamına gelen "*pasu*" kelimesinden gelir. Eski zamanlarda bir ailenin serveti sahip olduğu büyükbaş hayvan sayısı ile ölçülürdü. Bu nedenle inek-sığır (genel olarak büyükbaş hayvanların) para kelimesi ile aslında ne kadar iç içe olduğunu gösterir.

Borsa jargonunda inekler nakitler olarak bilinir. Nakit inek, olgun bir endüstride büyük bir pazar payına sahip bir ürünü, ürün hattını veya şirketi temsil eder. Nakit inek aynı zamanda bir kez alınıp ödendikten sonra ömrü boyunca tutarlı nakit akışları üretecek bir işletmeye, ürüne veya varlığa atıfta bulunur.

Nakit inek, yaşamı boyunca süt üreten ve çok az bakım gerektiren veya hiç bakım gerektirmeyen bir süt ineği için bir metafordur. Bu ifade, benzer şekilde az bakım gerektiren bir işletmeye uygulanır. Günümüz nakit inekleri çok az yatırım sermayesi gerektirir ve sürekli olarak bir şirket içindeki diğer bölümlere tahsis edilebilecek pozitif nakit akışları sağlar. Düşük riskli, yüksek ödüllü yatırımlardır.

Nakit inekler, 1970'lerin başında Boston Consulting Group tarafından tanıtılan bir iş birimi organizasyon yöntemi olan BCG matrisindeki dört kadrandan biridir (Hossain & Kader, 2020). Boston Kutusu veya Izgarası olarak da bilinen BCG matrisi, bir kuruluşun işlerini veya ürünlerini dört kategoriden birine yerleştirir: yıldızlar, soru işaretleri, köpekler ve nakit inekler.

Şekil 2. BCG Matrisi (Kaynak: (Hossain & Kader, 2020)

Matris, firmaların pazar payı ve endüstri büyüme oranı açısından işlerinin nerede durduğunu anlamalarına yardımcı olur. Bir işletmenin potansiyelinin karşılaştırmalı bir analizi ve endüstri ile pazarın bir değerlendirmesi olarak hizmet eder. Yıldızlar, yüksek büyüme gösteren pazarlarda yüksek bir pazar payı gerçekleştiren şirketlerdir. Yıldızlar büyük sermaye harcamaları gerektirir ancak önemli miktarda nakit üretebilir. Başarılı bir strateji benimsenirse, yıldızlar nakit ineklere dönüşebilir. Soru işaretleri, yüksek büyüme gösteren bir sektörde düşük pazar payı yaşayan iş birimleridir. Piyasadaki konumlarını daha fazla ele geçirmek veya sürdürmek için büyük miktarlarda nakit paraya ihtiyaç duyarlar. Firma tarafından benimsenen stratejiye bağlı olarak, soru işaretleri diğer kadranlardan herhangi birine gelebilir. Son olarak, köpekler, düşük büyüme gösteren pazarlarda düşük pazar payına sahip iş birimleridir. Büyük bir yatırım gereksinimi yoktur ve büyük nakit akışları oluşturmazlar. Çoğu zaman, köpekler organizasyonu kurtarmak için aşamalı olarak devre dışı bırakılır. Nakit inekler ve yıldızlar birbirini tamamlama eğilimindedir, oysa köpekler ve soru işaretleri kaynakları daha az verimli kullanır.

Günümüz piyasalarında IPhone, Apple'ın nakit ineğidir. Varlık getirisi, pazar büyüme oranından çok daha fazladır; sonuç olarak Apple, iPhone tarafından üretilen fazla parayı başka projelere veya ürünlere yatırabilir.

KÖMÜR MADENİNDEKİ KANARYA

Bu kavram, madenci-
lerin oldukça tehlikeli gö-
revleri boyunca kendileri-
ni güvende tutmak üzere
geliştirdikleri bir stratejiyi
tanımlar. Madenciler ma-
dene inerken yanlarına
bir kanarya alırlar ve eğer
kanarya ölürse madenin
karbon monoksit gazıyla
dolduğunu ve güvenli ol-
madığını anlarlar. Neyse
ki 1986'dan beri madenlerin güvenliğini test etmek için
"babacık, cici kuş" kanaryaları kullanılmıyor.

Finansal piyasalarda da uyarı niteliği taşıyan bazı ge-
lişmeler yaşanabilir. Özellikle tahvil piyasasında likidite
arayanlar (satıcılar) ve likidite sağlayıcılar (alıcılar) arasın-
da bir uyumsuzluk söz konusu olduğunda tahviller, tıpkı
bu kanaryalar gibi yatırımcılar için uyarı niteliğindedir.
Normal ekonomik koşullar altında, uzun vadeli tahviller
genellikle kısa vadeli tahvillere göre yatırımcısına daha
yüksek bir faiz oranı öder. Bir yatırımcı uzun vadeli bir
tahvil ile daha fazla risk üstlendiğinde, daha yüksek faiz
oranı beklemekte haklıdır. Ekonomik koşullar normal ol-
madığında (örneğin, piyasada alıcılardan daha fazla satıcı
varsa) ve uzun vadeli tahviller kısa vadeli tahvillere göre
daha düşük getirilere sahipse, bu "ters getiri eğrisi" olarak
adlandırılır ve genellikle bir durgunluk konusunda uyarı
niteliği taşır.

BORSADA İLK ÖĞRENİLECEK TEORİ- ELDEKİ KUŞ TEORİSİ

Eldeki kuş, yatırımcıların sermaye kazançlarıyla ilişkili doğal belirsizlik nedeniyle potansiyel sermaye kazançlarına hisse senedi temettülerini tercih ettiğini söyleyen bir teoridir. "Eldeki bir kuş, çalıdaki iki kuştan daha değerlidir" atasözüne dayanarak,  eldeki kuş teorisi, yatırımcıların temettü ödemelerinin kesinliğini gelecekteki önemli ölçüde daha yüksek sermaye kazançları olasılığına tercih ettiğini belirtir.

Sermaye kazançlarına yatırım yapmak esas olarak varsayımlara dayanır. Bir yatırımcı, kapsamlı şekilde şirket, pazar ve makroekonomik araştırmalar yaparak sermaye kazançlarında avantaj elde edebilir. Bununla birlikte, nihayetinde, bir hisse senedinin performansı, yatırımcının kontrolü dışında olan bir dizi faktöre de bağlıdır. Sermaye kazancı yatırımı, "eldeki bir kuş çalıdaki iki kuştan değerlidir" özdeyişinin "çalıdaki iki kuş" tarafını temsil eder. Eldeki kuş ise temettüdür. Yatırımcılar sermaye kazançlarının peşinden koşarlar çünkü bu kazançların büyük olma olasılığı vardır ancak sermaye kazançlarının olmaması veya daha da kötüsü negatif olması da eşit derecede mümkündür.

Myron Gordon (1960) ve John Lintner (1962), eldeki kuş teorisini yatırımcıların getirilerinin nereden geldiğini umursamadıklarını iddia eden Modigliani-Miller temettü ilgisizlik teorisine karşı bir kontrpuan olarak geliştirmişlerdir. Modigliani-Miller teorisi, yatırımcıların, hisse senetlerinden elde edilen getirilerin temettülerden mi yoksa sermaye kazançlarından mı kaynaklandığına kayıtsız olduklarını iddia eder. Oysa eldeki kuş teorisine göre, yatırımcılar tarafından yüksek temettü ödemeli hisse senetleri aranır ve sonuç olarak daha yüksek bir piyasa fiyatına hükmeder. Çünkü bu teoriye göre yatırımcılar, temettülerin sermaye kazançlarından daha kesin olduğuna inanırlar.

Kesin kazancın olumlu yanı olduğu kadar, bu kazancın elde edilmesinde beklenmesi gereken süre, onu enflasyona karşı korunmasız hale getirir. Bu nedenle eldeki kuşun avantajını sorgulamak gerekir. Warren Buffett, yatırım söz konusu olduğunda, rahat olanın nadiren kârlı olduğu görüşündedir. Yılda %5 oranında temettü yatırımı, neredeyse garantili getiri ve güvenlik sağlar. Bununla birlikte, uzun vadede, saf temettü yatırımcısı, saf sermaye kazancı yatırımcısından çok daha az para kazanır. Bunun yanı sıra enflasyon da hesaba katıldığında, sabit getiri beklentisi olan, risk sevmeyen yatırımcının hisse senedi piyasasında umduğunu bulamayacağı açıktır.

ALTIN BÖCEKLERİ

Ekonomide, "altın böceği" terimi, özellikle altın satın alımı eğiliminde olan insanlara atıfta bulunmak için kullanılan konuşma dilindeki bir ifadedir. İnsanlar altın böceği olma nedenlerinde farklılık gösterseler de genellikle, para birimlerinin satın alma gücünün enflasyon, genişletici para politikası ve artan ulusal borç gibi faktörler nedeniyle düşeceği algısını paylaşırlar.

Altın böceği, altının erdemlerini bir yatırım olarak açıklayan ve fiyatının sürekli artacağını düşünen kişidir. Altın böcekleri tarafından kullanılan çeşitli argümanlar olsa da bunlar genellikle altını çekici kılan itibari para birimlerine yönelik algılanan tehditlere odaklanır.

Çoğu altın böceği tarafından paylaşılan temel bakış açısı, ulusal para birimlerinin değeri düşerse altının fiyatının yükseleceği yönündedir. Bu nedenle, yerel para birimlerinin uzun vadeli beklentileri konusunda düşüş beklentisinde olan yatırımcılar bu nedenle altın konusunda da yükseliş beklentisinde olabilir.

Bazı durumlarda, altın böceği terimi, altının değerinin artacağından makul olmayan bir şekilde emin olan bir yatırımcıya atıfta bulunarak, aşağılayıcı bir anlamda kullanılabilir. Bununla birlikte, çoğunlukla altın böceği terimi, olumlu veya olumsuz bir çağrışım taşımaz. Bunun yerine, basitçe altının değerinin artacağına ikna olmuş bir yatırımcıyı ifade eder.

Altın böceklerinin bir beklentisi de hükümetin artan borç yüküne karşın yerel parayı devalüe ederek yanıt verme beklentisidir. Örneğin, eğer hükümet ulusal borcu temerrüde düşürürse borç tavanını yükseltmemek için kasıtlı veya dolaylı olarak yerel paranın uluslararası döviz piyasalarında hızla düşmesine neden olabilir. Bu da tüketiciler için ithal edilen malların fiyatlarının yükselmesine neden olacaktır.

Alternatif olarak, birçok altın böceği, resmi olarak ulusal borcu temerrüde düşürmeseler bile, hükümetin yerel parayı dolaylı olarak devalüe etmeye zorlanacağından korkar. Örneğin, genişletici para politikası enflasyonun kademeli olarak yükselmesine neden olabilir. Bu ödenmemiş anaparanın gerçek değerini aşındırarak ulusal borcu ciddi şekilde şişirecektir. Öte yandan, bu stratejinin, tasarrufları büyük ölçüde yerel para cinsinden varlıklardan oluşan yatırımcıların ve vatandaşların serveti ve satın alma gücü üzerinde ciddi olumsuz etkileri olabilir. Bu nedenle, altın böcekleri için altına yatırım yapmak hem bu risklere karşı korunmak hem de olası herhangi bir yerel para devalüasyonundan kazanç sağlamak için çekici bir yol olabilir.

KANGURULAR VE KANGURU TAHVİLLERİ

Avustralya All-Ordinaries Endeksinde yer alan hisse senetlerine kangurular denir. All-Ordinaries Endeksi, piyasa değeri ile en büyük 500 işlem gören şirketin toplam piyasa değerinin bir ölçütünü yansıtır. Ocak 1980'de başlatılan piyasa ağırlıklı All-Ordinaries Endeksi, Avustralya'daki en eski endekstir ve yaklaşık 500 şirketi içerir.

Kanguru tahvili, Avustralya pazarında Avustralyalı olmayan firmalar tarafından ihraç edilen ve Avustralya doları cinsinden ifade edilen bir tür yabancı tahvildir. Tahvil, Avustralya'nın menkul kıymetler düzenlemelerine tabidir. Bir kanguru tahvili, "matilda tahvili" olarak da bilinir.

Avustralya borç piyasasında yatırımcılara ve borç verenlere erişmek isteyen tahvil ihraççıları, adını ülkenin ulusal hayvanından alan ve kanguru tahvili olarak adlandırılan bir tahvil çıkarırlar. Bir kanguru tahvili, şirketler, finansal kurumlar ve hükümetler dâhil olmak üzere yerli olmayan kuruluşlar tarafından ihraç edilen bir yabancı tahvildir.

Şirketler, o ülkenin piyasasına veya faiz oranlarından ya da döviz cinsinden nakit toplamak için başka para birimlerinde tahvil ihraç edebilir. Kanguru tahvillerinin Avustralyalı yatırımcılara faydası, aynı tahvilleri bir yabancı para biriminde satın almaları durumunda karşılaşacakları kur riskine maruz kalmamalarıdır.

Basitçe söylemek gerekirse, yabancı bir ihraççı tarafından iç piyasada yerli ülkenin para biriminde bir yabancı tahvil ihraç edilir. Yabancı tahviller esas olarak ihraççılara sermaye artırmak adına kendi sermayeleri dışında başka bir sermaye piyasasına erişim sağlamak için kullanılır.

Varlıklarını çeşitlendirmek ve genel döviz risklerini iyileştirmek isteyen büyük şirketler ve/veya yatırım şirketleri, Avustralya doları cinsinden fon toplamak için kanguru tahvillerini kullanabilir. Kanguru tahvilleri tipik olarak Avustralya'daki faiz oranları, yabancı şirketin yerel faiz oranlarına göre düşük olduğunda ve böylece yabancı ihraççının genel faiz giderini ve borçlanma maliyetini düşürdüğünde verilir.

Bir şirket, bu piyasada cazip faiz oranları elde edeceğine inanıyorsa veya döviz ihtiyacı varsa, dış piyasaya girmeyi seçebilir. Şirket, yabancı bir pazara girmeye karar verdiğinde, bunu, amaçlanan pazarın para birimi cinsinden tahviller olan yabancı tahviller ihraç ederek yapabilir.

Kanguru tahvili, tahvillerin yerel para birimi cinsinden olması nedeniyle kur riskine maruz kalmayan yerli yatırımcılar için cazip bir yatırım girişimidir. Ayrıca, portföylerini yerel sınırlarının ötesinde çeşitlendirmek isteyen yatırımcılar bu tahvilleri tercih ederek artan getiri elde edebilirler. Aslında, kanguru tahvilleri, döviz kurlarındaki dalgalanmaların etkilerini yönetmek zorunda kalmadan yabancı şirketlere yatırım yapma fırsatı da sağlar.

Elbette birçok ihraççı, kanguru tahvilleri ihraç ederken mutlaka Avustralya dolarına ihtiyacı olduğu için bunu yapmaz. Tahvillerin satışından elde edilen gelirler, genellikle, çapraz döviz takasları gibi finansal araçlar aracılığıyla ihraççının ihtiyaç duyduğu bir para birimine dönüştürülür. Bu takaslar, ihraççının kupon ödeme ve anaparayı Avustralya doları olarak geri ödeme yükümlülüğüyle ilişkili döviz riskinden korunmak için kullanılır. Ayrıca bir yabancı para biriminde sermaye artırmayla ilişkili risk, genellikle, çapraz para birimi takasları gibi risk yönetimi teknikleriyle hafifletilebilir.

Kanguru tahvillerinin başlıca ihraççıları tipik olarak Amerika Birleşik Devletleri ve Almanya'dandır. Diğer yabancı tahviller arasında Samuray tahvilleri, Maple tahvilleri, Matador tahvilleri, Yankee tahvilleri ve Bulldog tahvilleri bulunmaktadır.

KATİL ARILAR

Katil arılar, hedef firmaların istenmeyen bir talip tarafından ele geçirilmesini önlemeye yardımcı olan yatırım bankacıları, muhasebeciler, avukatlar ve vergi uzmanları gibi şirketler veya bireylerdir. Görevleri, genellikle hedefi daha az çekici veya daha zor ya da elde edilmesi daha maliyetli hale getirmekten oluşan devralma karşıtı savunma stratejileri tasarlamak ve uygulamaktır.

Katil arıların kullandığı stratejiler genellikle tartışmalıdır, hissedarlar tarafından sıklıkla sorgulanır ve mahkemeler tarafından reddedilme riski vardır. Devralınmak istenen şirket için de bazı sakıncaları olabilir. Örneğin hedefi daha az çekici hale getirmek veya satın almayı daha pahalı hale getirmek, genellikle hissedar değerini aşındırabilir ve şirketi potansiyel olarak yıllarca sakat bırakabilirler.

Bir şirket, satın almak için başka bir şirketi hedeflediğinde, genellikle ilk önce yönetim kuruluna yaklaşır. Reddedilirse, devralan daha iyi bir teklifle geri dönebilir, çekip gidebilir veya doğrudan hissedarlara bir ihale teklifi başlatarak yönetimi atlatmaya çalışabilir.

Devralmaya çalışma düşmanca olursa, gemiye katil arılar getirilebilir. Onların işi arıların, arkadaşları kışkırtıldıklarında kurbanlarını geri çekilip uzaklaşana kadar sokmalarına benzer şekilde, olası alıcılar için hayatı rahatsız edecek uygun yollar bulmaktır.

Katil arılar, 1980'lerin düşmanca ele geçirme çılgınlığı sırasında öne çıkmıştır. O zamanlar, akıncılar olarak bilinen ve bol miktarda parası olan bir yatırımcı kategorisi, değeri düşük şirketleri satın almaya ve daha sonra hızlı bir kâr elde etmek için tartışmalı bir şekilde onları parçalara ayırmaya başlamıştır.

Katil arıların kullandığı popüler stratejiler arasında zehir hapı, beyaz şövalye, pac-man, ıstakoz tuzağı bulunmaktadır. Düşmanca devralmalarda kullanılan metotların bazılarını "Piyasaların Savaş Alanları" başlığında bulabilirsiniz.

DÜŞMEYE BAŞLAYANLARI ANINDA BULAN AKBABALAR

Akbaba fonu adına yaraşır davranışlar sergileyen yatırımcı tipini temsil eder. Bu yatırımcılar düşüşte olan şirketlerden değer elde etmeye çalışırlar. Amaç, duyarlılığın düşük olduğu ve şirketin en düşük fiyattan işlem gördüğü bir anda devreye girmek ve hızlı bir getiri sağlamak ve onu kârla satmak için ne gerekiyorsa yapmaktır.

Akbabalar fiyatları piyasada ciddi bir şekilde düşmüş olan sorunlu şirketleri satın alan yatırımcıdır. Şirketi canlandırmak ve kârları artırmak için, genellikle işten çıkarmalar gibi ağır maliyet düşürücü uygulamalar yoluyla agresif önlemler alırlar. Eğer bu yöntemde başarılı olamazlarsa şirketin içini boşaltmak gibi suç sayılacak eylemlerde de bulunabilirler. Ne olursa olsun, akbaba fonları neredeyse her zaman yatırımlarından para çekmenin yollarını bulurlar. Akbaba bir fonlayıcının satın aldığı şirket sonunda iflas başvurusunda bulunsa bile durum böyle kalır.

Hisse senedi piyasasında da akbaba fonları, tıpkı adını verdikleri kuş gibi, doğaları gereği yırtıcıdır. Doğru fırsatı görene kadar bekleyecekler ve mümkün olan en düşük fiyattan hisse satın alarak son dakikada devreye gireceklerdir.

Akbaba fonu ile girişim sermayesinin birbirine karıştırılması dikkat çekicidir. Oysa girişim sermayesi, akbabaların aksine zayıfları avlamak ve maliyetleri düşürmenin yollarını hemen belirlemek yerine, erken başarı gösteren ve piyasada yeni başlayanlara sermaye sağlamakla daha fazla ilgilenirler. Başka yerden finansman sağlayamayan şirketler de girişim sermayesi için cazip yatırımlardır. Bu ikisi arasındaki temel fark ise gaddarlıkları ile ilgilidir. Girişim sermayesi yatırımlarının başarısının, hedeflenen şirketlerin mükemmelleşmesine ve potansiyellerini gerçekleştirmesine bağlı olduğunu bilirken ve gelişmekte olan şirketlere bakıp onları bir gün büyük sermayeli şirketler olma yolunda ilerletmeyi amaçlarken, akbabalar yatırım yaptıkları şirketlerin ölümlerinden kâr elde etmenin yollarını ararlar ve onların tek amacı para kazanmaktır. Her ne yolla olursa olsun.

2001'den kalma ABD'li hedge fonlarına olan 1,33 milyar dolarlık yapılandırılmış tahvil borçlarını ödeyememesi nedeniyle teknik olarak iflasını açıklayan Arjantin'in iflas sebebi, akbaba sermayesine en iyi örneklerdendir. Çünkü Arjantin'in durumu zaten kötü iken akbaba fonlar olarak bilinen hedge yatırım fonları Arjantin'den paralarını geri istediklerinde ülkenin bunu ödeyecek parası olmadığı için ülkenin iflasına çanak tuttukları aşikârdır. Diğer yandan akbabaların bu davranışını alkışlayanlar da vardır. Bunlara göre akbabalar şirketlerin veya bu örnekteki gibi ülkelerin kendilerine gelmelerini sağlamışlardır. Bu savunmanın gülünç olduğu konusunda hemfikir olduğumuzu varsayarak, özellikle gelişmekte olan ülkelerin ve parlak bir gelecek vaat etmesine rağmen son dönemde ayakta durmaya çalışan şirketlerin kendilerine dikkat etmesi gerektiğini söylemeden geçmeyelim.

PİYASALARIN SAVAŞ ALANLARI

Günümüzde savaşlar er meydanlarında değil piyasalarda yaşanıyor.
Silahınız, topunuz, tüfeğiniz varsa değil, paranız varsa kazanırsınız.

Devralmalar, kurumsal dünyanın büyük bir parçasıdır. Daha büyük şirketler genellikle pazarlarını genişletmek, yeni varlıklar veya teknolojiler elde etmek, yabancı bir ülkeye girmek veya rekabeti ortadan kaldırmak için daha küçük şirketleri satın alır. Asıl amaçları elbette kendi finansal kazançlarıdır. Satın alınmak isteyen daha küçük şirketler, normalde talep edilen teklifler için çağrıda bulunur. Bu, diğer şirketlerden gelen teklifleri memnuniyetle karşıladıkları anlamına gelir. Bu devralmalar normalde dostanedir: Hedef firma, anlaşmalarını yapmak için potansiyel alıcılarla müzakere masasına gelir. Diğer yandan devralınmak istenmeyen küçük şirketler, istenmeyen teklifler veren şirketler tarafından düşmanca devralmalara maruz kalabilirler.

13 Nisan 2022 tarihinde piyasalarda kelimenin tam anlamıyla bomba etkisi yaratan bir haber geldi: Elon Musk, Twitter'ın tüm adi hisselerini 54,20 dolardan satın almayı teklif etti. Toplam değer yaklaşık 43 milyar dolardı. Twitter'ın yönetim kurulu, Musk'ın şirketin adi hisselerinin %15'inden fazlasını satın alması durumunda hissesini sulandıracak bir hissedar hakları planıyla yanıt verdi. Bu haberden birkaç gün sonra Elon Musk'ın emeline ulaştığını da söylemeden geçmeyelim.

Milyarder aktivist yatırımcı Carl Icahn, 2011 yılında ev eşyaları devi Clorox'u satın almak için üç ayrı teklif götürdü. Haberlere yansıyan ise "Icahn'ın Clorox'u 12,6 milyar dolarlık teklifle oyuna aldı" şeklinde oldu. Icahn, hisse başına 76,50 dolar ödemeyi teklif etti. Clorox yönetim kurulu, Icahn'ın vekâletle mücadele çabalarını bile bir kenara bıraktı ve devralma girişimi birkaç ay içinde devralma olmadan sona erdi.

Başarılı bir düşmanca devralma örneği, ilaç şirketi Sanofi'nin (SNY) Genzyme'i satın almasıdır. Sanofi doğrudan hissedarlara gitti, hisseler için bir prim ödedi, koşullu değer hakları ekledi ve sonunda Genzyme'i satın aldı.

Bu örnekler düşmanca devralmalarda en sık duyulan örneklerdir. Her ne kadar Elon Musk ve Twitter olayı yeni olsa da ilk sırayı hak ettiğini düşünüyorum.

Düşmanca devralma terimi, bir şirketin başka bir şirket tarafından zorla ve hedefteki şirketin satın alınmayı istememesine karşı satın alınması anlamına gelir. Düşmanca bir devralmada satın alınan şirkete hedef şirket, devralmayı gerçekleştiren şirkete ise devralan denir. Düşmanca bir devralmada, devralan doğrudan şirketin hissedarlarına gider veya devralmanın onaylanması için yönetimi değiştirmek için savaşır.

Bir şirket, bir hedefin değerinin düşük olduğuna inanırsa veya aktivist hissedarlar bir şirkette değişiklik isterse, düşmanca devralmalar gerçekleşebilir. Satın alan tarafından düşmanca bir devralmada rol oynayan faktörler, genellikle bir şirketin önemli ölçüde düşük değerli olabileceğine inanmak veya bir şirketin markasına, operasyonlarına, teknolojisine veya endüstri dayanağına erişim istemek gibi diğer herhangi bir devralma ile örtüşen faktörler olabilir. Yanı sıra içeriden yapılan düşmanlıklar da düşmanca devralma girişiminin sebebi olabilirler. Başka bir ifadeyle, bir şirketin operasyonlarında değişiklik yapmak isteyen aktivist yatırımcıların stratejik hamleleri de düşmanca devralmaların sebebi olabilir.

Düşmanca devralmaları önlemenin farklı yolları vardır. Bunlardan biri daha az oy hakkı ve daha yüksek bir temettü ile bir hisse sınıfı oluşturmak gibi farklı oy haklarına sahip hisse senetleri oluşturmaktır. Bu hisseler çekici bir yatırım haline gelir ve özellikle yönetim daha fazla oy hakkına sahip çok sayıda hisseye sahipse, düşmanca bir devralma için gereken oyları bulmak zorlaşır.

Eğer hedef şirket yönetimi düşmanca davranmıyorsa bu durumda düşmanca bir devralmayı gerçekleştirmenin bilinen ve en sık kullanılan üç yöntemi vardır: İhale teklifi, vekâlet savaşı veya açık piyasada gerekli şirket hissesini satın almaya çalışmak.

İlk yöntemde bir şirket, yatırımcı veya yatırımcı grubu, başka bir şirketin hisselerini cari piyasa değerinin üzerinde bir primle satın almak için ihale teklifinde bulunur. Hedef şirketin yönetim kurulu teklifi reddedebilir. Devralacak şirket, piyasa değerine göre yeterli bir primdeyse veya mevcut yönetimden memnun değilse teklifi kabul edebilecek hissedarlara başvurabilir. Bir ihale teklifi, hissedarların çoğunluğunun kabul etmesini gerektirir.

İkinci yöntemde yani vekâlet savaşında, karşıt hissedar grupları, diğer hissedarları devralmaya ikna etmeye çalışır. Bu amaçla ikna etmeye çalıştıkları hissedarların yerine vekâleten oy kullanma hakkı almaya çalışırlar. Eğer ikna ederlerse devralma girişimi lehine oy kullanabilirler. Hisse satışı ancak yeterli sayıda hissedar teklifi kabul ederse gerçekleşir. Bir vekâlet savaşı, hedefin iş birliği yapmayan yönetim kurulu üyelerinin önemli bir bölümünün yerini almayı amaçlar.

Üçüncü yöntemde ise devralacak şirket doğrudan piyasaya yönelir ve hedef şirketin adi hisse senetlerini piyasadan toplamaya başlar. Buradaki amaç hedef şirketin kontrolünü ele geçirmektir.

Düşmanca devralmalar kurumsal dünyada yaygındır. Bir şirket, hedef şirketin yönetim kurulunun açık onayını almadan diğerini devralmaya çalıştığında ortaya çıkarlar. Bu durumlarda, potansiyel alıcı, kontrolü ele geçirmek için bir teklif vermek veya hedefin mevcut hisselerini satın almak gibi çeşitli stratejiler başlatabilir. İstenmeyen devralmayı caydırmak için hedef şirketin yönetimi önleyici savunmalara sahip olabilir veya karşılık vermek için reaktif savunmalar kullanabilir.

Piyasaların savaş alanı sadece düşmanca devralmaların oyuncularını ağırlamaz. Bazı portföy yöneticileri de bu arenada kendine yer bulabilir.

DİFERANSİYEL OY HAKLARI

Düşmanca devralmalara karşı korunmak için, bir şirket, bazı hisselerin diğerlerinden daha fazla oylama gücüne sahip olduğu, farklı oy haklarına sahip hisse senetleri oluşturabilir. Bu, yönetimin daha fazla oy gücünü elinde bulunduran yeterince büyük bir hisseye sahip olması durumunda, düşmanca bir devralma için gereken oyların elde edilmesini zorlaştıracaktır. Daha az oy gücüne sahip hisselere genellikle daha yüksek bir temettü ödenir ve bu da onları daha çekici yatırımlar haline getirebilir.

ÇALIŞAN HİSSE SAHİPLİĞİ PROGRAMI

Buradaki amaç çalışanların şirkete bağlılığını kullanmaktır. Çalışanların yönetim lehine oy kullanma olasılığı daha yüksek olabilir. Bu nedenle, bu başarılı bir savunma olabilir. Bir çalışan hisse sahipliği programı oluşturmak, çalışanların şirkette önemli bir çıkara sahip olduğu vergi nitelikli bir planın kullanılmasını içerir. Bu program çalışanların şirkette önemli bir menfaat sahibi olmasına izin verir. Bu, çalışanların yönetime oy vermeleri için kapıyı açar ve bu da onu satın alınmaya karşı oldukça başarılı bir savunma haline getirir.

ŞÖVALYELER

Sarı şövalye, düşmanca bir devralma girişiminde bulunan ancak daha sonra geri adım atan ve bunun yerine hedef şirketle birleşme teklif eden şirkettir. Çoğu zaman, bu fikir değişikliği, hedefin beklenenden daha pahalıya mal olacağını ve/veya daha iyi ele geçirme savunmasına sahip olduğunu fark ettikten sonra meydana gelir.

Sarı şövalyeler bir tür *"onları yenemezseniz onlara katılın"* stratejisi kullanan şirketlerdir. Devralma girişiminden vazgeçmek için birçok nedenleri olabilir. Genellikle, hedef şirketin düşündüklerinden daha pahalıya mal olacağını ve/veya daha iyi devralma savunmalarına sahip olduğunu ve stratejilerini değiştirmeleri gerektiğini fark ederler.

Sert bir ret, sarı şövalyeyi zayıf bir pazarlık pozisyonunda bırakabilir ve hedefin varlıklarını ele geçirmek için masada bıraktığı tek makul seçeneğin dostane bir birleşme olduğu sonucuna varmasına neden olabilir. Tam bir U dönüşüdür.

Bu stratejiye neden sarı denildiğine gelince renklerin sırrına bakmak gerekir. Sarı diğer şeylerin yanı sıra korkaklık ve hile ile ilişkili bir renktir ve bu tip bir U dönüşü için gayet açıklayıcıdır. Sarı şövalye terimi aşağılayıcıdır, çünkü düşman teklif sahibinin soğuk davrandığını ve devralma girişiminden çekindiğini ve onu zayıf bir pazarlık pozisyonunda bıraktığını ima eder.

Sarı şövalyeler, agresif bir şekilde başlayıp, yönetimin isteklerine karşı bir şirket satın almaya çalışan ve daha sonra bir fikir değişikliği yaşayan, geri adım atan ve bunun yerine bir birleşmede güçlerini birleştirmeyi öneren kişilerdir. Bir başka ifadeyle hedefle eşit düzeyde birleşme gibi başka bir şey önermeye karar verebilirler. Bu nedenle, sarı bir şövalye, esasen dostane hale gelen düşman bir şirkettir.

Kara şövalyeler, istenmeyen, düşmanca devralma tekliflerinde bulunur ve sarı şövalyelerin aksine, yerlerini korurlar. Bu tür yırtıcılar, iktidara gelmek için zorbalık yaptıklarından ve genellikle mevcut patronların elde etmeye çalıştıklarından farklı hedeflere sahip olduklarından, hedef şirket yönetimi için kâbusların kaynağıdır. Hedef şirketin yönetimi genellikle kara şövalye şirkete satış yapmak istemez çünkü genellikle dostane olmayan hedefleri vardır. Sonuç olarak, kara şövalye şirketleri, kontrolü ele geçirmek için bir şirketin yönetim kurulunu atlatmaya çalışır.

Genel olarak, bir şirketin yönetimi bir kara şövalye tarafından devralınmak istemez çünkü hedefleri genellikle elde etmeye çalıştıkları şeyle örtüşmez. Bununla birlikte, bir kara şövalye şirketi, doğrudan hissedarlara bir ihale teklifi başlatmak, bir vekâlet kavgasına girmek veya açık piyasada gerekli şirket hissesini satın almaya çalışmak gibi, ne olursa olsun bir devralma teklifi yürütür.

Kara şövalye, vazgeçmek yerine, doğrudan hissedarlara bir ihale teklifi başlatmak veya bir vekâlet kavgasına katılmak gibi fethetmenin yollarını arar. Genellikle hızlı bir kâr elde etmeye heveslidirler ve kolayca çözülebileceğine inandıkları sorunları yaşayan şirketleri hedeflerler. Diğer hedef gurupta kendi değerlerinin altında mücadele eden şirketler vardır. Bir başka ifadeyle akıncılar gibi, kara şövalyeler de kötü yönetilen, aşırı maliyetleri olan, özel bir şirket olarak daha kârlı yönetilebilecek veya daha değerli hale getirmek için düzeltilebilecek başka sorunlar yaşayan şirketleri hedef alma eğilimindedirler.

Kara şövalyeler, hedefin yönetim kurulunu etkilemek ve istedikleri değişiklikleri uygulamak için yönetim üzerinde kamuoyu baskısı oluşturmak için yeterince büyük bir kontrol alanı elde etmeyi amaçlar. Takip ettikleri şirketlerin çoğu düşük performans gösterdiğinden, kara şövalyeler düzenli olarak diğer hissedarlardan destek toplamayı, hâkimiyetlerini ve taleplerinin karşılanma olasılığını artırmayı başarır.

Kara şövalyeler genellikle hemen sonuç ister. Genel olarak, kârlarını artırmak ve kendi ceplerini doldurmak amacıyla büyük tartışmalı değişiklikleri uygulamak için zaman kaybetmezler. Yaygın taktikler agresif işten çıkarmaları, varlıkları soymayı ve şirketi bir satış veya birleşme için konumlandırmayı içerir. Bir başka popüler yaklaşım, borçla finanse edilen hisse geri satın alma programlarını tanıtmaktır.

Hedefteki şirket, kara şövalyenin kazanımı tamamlamasını önlemek için **zehirli hap, altın paraşüt** veya **altın el sıkışma** gibi bir savunma hattı başlatmaya çalışabilir.

Düşmanca devralmalarda devralınması planlanan küçük şirketin, kendini korumaya almasında kullandığı bir diğer strateji **beyaz şövalye** stratejisidir. Bu strateji esasen dost bir şirketin (ki bu beyaz şövalyedir) küçük şirketi devralmasını ve onu düşman bir kara şövalyenin pençelerinden kurtarmasını sağlar. Eğer devralma kaçınılmazsa beyaz şövalye şirket tarafından devralınmak, küçük şirketin tercihi olacaktır. Çünkü buradaki beyaz şövalyenin amacı küçük şirketin faaliyetlerinin bütününde kapsamlı değişiklikler yapmak yerine onu korumaya çalışmaktır.

Beyaz şövalye, dost bir şirketin, düşmanca teklif veren yerine hedef şirketi satın aldığı düşmanca bir devralma savunmasıdır. Bunlar kara şövalyelerin tam tersidir. Onlar, hızlı bir kâr elde etmek için hedefi başka bir potansiyel alıcının pençelerinden potansiyel olarak kurtarmakla görevli olanlardır. Çoğu zaman şirket yetkilileri, ana faaliyetini korumak veya daha iyi devralma koşulları için müzakere etmek için beyaz bir şövalye ararlar. Şirketler, bazı teşvikler karşılığında kurtarıcıyı veya beyaz şövalyeyi oynamaya istekli olabilir.

Hedef şirket bağımsız kalmasa da beyaz bir şövalye tarafından devralma, düşmanca devralmaya nispetle tercih edilir. Çünkü düşmanca bir devralmanın aksine, mevcut yönetim genellikle bir beyaz şövalye senaryosunda yerinde kalır ve yatırımcılar hisseleri için daha iyi tazminat alırlar.

Beyaz şövalyelere en uzak tarihli örnek 1953'te yaşanmıştır. 1953 yılında, American Broadcasting Company neredeyse iflas etmişti. O sırada United Paramount Tiyatroları, American Broadcasting Company (ABC) için kurtarmaya geldi ve ABC'yi satın alarak beyaz bir şövalye gibi davrandı. Bir diğer örnek daha tanıdık bir şirketle ilgilidir. 1984 yılında, Walt Disney Productions, Saul Steinberg'den düşmanca bir teklifle karşı karşıya kaldı. Sid Bass ve oğulları beyaz şövalyeler gibi davrandılar ve Walt Disney'in önemli kısımlarını satın alarak Walt Disney'i kurtardılar. 1998 yılında, Digital Equipment Corporation oldukça kötü durumdaydı. O sırada Compaq kurtarmaya geldi. Compaq, Digital Equipment Corporation ile birleşerek beyaz bir şövalye gibi davrandı. 2006 yılında Mittal Steel ile Arcelor'un birleşmesi hakkında çokça konuşulmuştu. O sırada Severstal, Arcelor'a beyaz bir şövalye gibi davrandı. 2008 yılında JPMorgan Chase, Bear Stearns'i satın aldı. O sıralarda Bear Stearns hisse senedi fiyatlarını yüksek tutmakta zorlanıyordu. Ve eğer JPMorgan Chase onları satın almamış olsaydı iflas etmiş olacaktı. JPMorgan Chase beyaz bir şövalye gibi davranıyordu.

Her şirket, düşmanca bir devralma hedefi olduğunda, beyaz bir şövalye bulmak için büyük çaba sarf etmelidir. Aksi takdirde, hedef şirketi yakın gelecekte bekleyen birinci sıkıntı şudur: şirkette bağımsızlık/özerklik kalmaz. Sonuç olarak, şirket yolunu kaybedecek ve bir kara şövalyenin kaprislerine boyun eğmesi gerekecektir. İkincisi, şirket vizyonunu, değerlerini ve geleceğini kaybeder. Üçüncüsü, şirket çalışanları, müşterileri ve paydaşları için değer yaratamayacaktır. Bir işletme için bu en kötü senaryodur. Ve bu nedenle, tercih edilen şirketi kimin devralacağını bulmak önemlidir. Bazı durumlarda, beyaz şövalyeler iflas edecek şirketler için de bir kurtarıcı görevi görürler.

Beyaz lord, benzer şekilde, düşmanca bir devralmayı önlemek için hedef şirkette hisse satın alan bir yatırımcı veya dost şirkettir. Bu, beyaz şövalye savunmasına benzer ancak burada hedef firma beyaz şövalyede olduğu gibi bağımsızlığından vazgeçmek zorunda değildir, çünkü beyaz şövalye şirkette yalnızca kısmi bir hisse satın alır. Başka bir ifadeyle mücadele eden bir şirkete yardım etmek için yalnızca azınlık hissesi kullanan bir kişi veya şirkettir. Beyaz lordlar şirkete durumunu iyileştirmek için yeterli sermaye sağlarken, mevcut sahiplerin kontrolü elinde tutmasına izin verir.

Gri şövalyeler, renklerinden de anlaşılacağı gibi, beyaz ve siyah şövalyeler arasında bir yerde otururlar. En az beyaz şövalyeler kadar arzu edilmezler ama en azından kara şövalyelerden daha çekici bir seçenek olarak görülürler. Gri şövalyeler, düşman bir kara şövalyeye daha dostça bir alternatif olarak algılandıkları gerçeğinden yararlanır ve ısrarcı, istenmeyen bir yırtıcı geldiğinde daha uygun bir anlaşma elde etmek için bunu bir pazarlık çipi olarak kullanırlar.

Gri şövalye, beyaz şövalyeyi geride bırakan düşmanca bir devralmada üçüncü potansiyel teklif sahibidir. Kara şövalyeden daha dost canlısı olmasına rağmen, gri şövalye hâlâ kendi çıkarlarına hizmet etmeye çalışır.

Halka açık devralmalarda gri şövalyeler beyazlardan daha yüksek teklif vererek beyazların önüne geçmeye çalışır. Bunlar tarafından verilen teklifler genellikle kabul görmez. Ancak yine de gri şövalyeler, tamamen kendi finansal kazançlarıyla motive olsalar da genellikle düşman kara şövalyelerden çok daha dostça kabul edilirler.

Gri şövalyelerin bir de akbabaya benzerlikleri vardır. Müzakereye girmeden önce hedef şirketle ilgili tüm teklifleri görüp bunların sonuçlanmasını beklerken akbabalara benzetilirler. Bir anlaşmanın başarısız olmasını beklemek, gri şövalyelere bir avantaj sağlar çünkü onlar daha az uygun tekliflerle hedef firmalara yaklaşırlar. Bunu yaparak, gri şövalyeyi potansiyel hedefle iyi bir pazarlık konumuna sokan bir durum yaratırlar. Hedef şirketin onları düşman bir kara şövalyeye daha dostça bir alternatif olarak görmesi gerçeğinden yararlanarak beyaz bir şövalyeden daha fazla teklif verebilir veya daha az elverişli bir teklifte bulunabilirler. Ancak gri bir şövalye, çoğu zaman yalnızca kendi finansal ihtiyaçları tarafından motive edilen gerçek niyetlerini her zaman ortaya koymayabilir.

ISTAKOZ TUZAĞI

Genelde büyük balık küçük balığı yutar. Ama bence bu hikâyede bize anlatılmayan bir şey var. Küçük balık kurtulmak için ne yapıyor? Yani öylece durup yenmeyi mi bekliyor? Sanmam.

Finansal piyasalarda ayı kucaklaması da denilen durum, genel olarak büyük şirketin küçük şirketi devralması olarak açıklanabilir. Peki, küçük şirket bu durumdan kurtulmak için ne yapıyor? Kabul ediyorum, eğer finansal olarak zor durumda iseniz ve size kurtarıcınızmış gibi gelen bir şirket, yüksek prim vaatleriyle sizi devralmayı teklif ediyorsa bunu tünelin sonundaki ışık gibi görebilirsiniz.

Peki, bu yanlışsa? Aslında büyük balık tarafından yutulmaya çalışılan küçük bir balıksanız? İşte bu durumda bir *ıstakoz tuzağı* kurabilirsiniz.

Istakoz tuzağı, küçük hedef firmalar tarafından, kendilerini düşmanca ele geçirmeye çalışan büyük şirketlere karşı geliştirdikleri bir savunma mekanizmasıdır. Buna göre hedef şirketin tüzüğünde %10'dan fazla hisseye sahip hissedarların menkul kıymetleri oy hakkına sahip hisse senetlerine dönüştürmeleri engellenmiştir. Bir ıstakoz tuzağı kurmak için, bir şirketin tüzüğünde stratejinin ayrıntılarını özetleyen bir hüküm bulunmalıdır. Düşmanca bir devralmanın potansiyel hedefi, savunma olarak bir ıstakoz tuzağı kullanmaya karar verdiğinde, tüzüğünde, belirli hissedarların varlıklarını oy hissesine dönüştürmelerini engelleyen bir kural uygular. Bir başka ifadeyle bu stratejide varantlar, dönüştürülebilir tahviller ve dönüştürülebilir imtiyazlı hisse senetleri dâhil olmak üzere %10'dan fazla dönüştürülebilir menkul kıymete sahip hissedarların hisselerini, oy hakkına sahip hisse senetlerine devretmelerini veya dönüştürmelerini engelleyen hedef şirket tüzüğü mevcudiyeti şarttır.

Istakoz tuzakları genellikle küçük şirketler tarafından, özellikle onları ele geçirmeye çalışan büyük yırtıcıları yakalamak ve engellemek için kullanılır. Tek başlarına kullanılabilecekleri gibi *zehir hapı, beyaz şövalye* veya *kavrulmuş toprak* gibi diğer taktiklerle birlikte de kullanılabilir.

Anlaşılacağı üzere çok da dostça olmayan bu ayı kucaklamasında büyük şirketin de kullandığı bazı taktikler vardır. *Şafak baskınında* devralan şirketin hissedarları, pazar açılır açılmaz içeri girip hedef şirketten çok sayıda hisse satın aldıklarında bir şafak baskını gerçekleşir. *Godfather teklifinde* ise hedef şirketin hissedarlarına yapılan ve çok az hissedarın, hisselerini devralan şirkete devretmeyi reddettiği, gülünç derecede olumlu olan bir ihale teklifi durumu söz konusudur. Ne kadar çok hissedar kabul ederse, satın alan şirket o kadar çok hisse alabilir.

Düşmanca ele geçirmeler kurumsal dünyada yaygındır. Hedef firmanın yönetim kurulunun açık onayını veya rızasını almadan bir şirket diğerini devralmaya çalıştığında ortaya çıkar. Bu durumlarda, potansiyel devralıcı şirket, kontrolü ele geçirmek için bir teklif vermek veya hedefteki şirketin mevcut hissesini satın almak gibi çeşitli stratejiler başlatabilir. Hedef firmalar, bu istenmeyen tekliflere karşı kendilerini savunmak için birtakım taktiklere sahiptir. Bunlardan biri *ıstakoz tuzağıdır.* Terim, ıstakozları yakalamak için kullanılan temel ıstakoz tuzakları kavramından alınmıştır. Tuzaklar, ıstakozların en büyüğünü yakalamak için tasarlanmıştır ve küçük olanların kaçmasına izin verir. Düşmanca bir devrolma durumunda küçük şirketlerin, üzerlerine doğru gelen köpekbalıklarını kovmak için geliştirdikleri zehirli hap, beyaz şövalye ve yanmış toprak stratejileri de küçük şirketin kendisini koruma stratejilerindendir.

HAPLAR

Küçük şirketin kendini koruma stratejilerinden bir diğeri *zehir hapı* stratejisidir. Zehirli hap stratejisi,

1980'lerde New York merkezli hukuk firması tarafından tasarlanmıştır. Genellikle küçük şirketler, potansiyel alıcı şirketlere daha az çekici görünmek amacıyla bu taktiği kullanırlar. Her zaman bir şirketi savunmanın ilk ve en iyi yolu olmasalar da zehirli haplar genellikle çok etkilidir.

Bu savunma taktiği, resmi olarak hissedar hakları planı olarak bilinir. Bir hissedarın hissenin öngörülen bir yüzdesinden fazlasını satın alması durumunda, mevcut hissedarların yeni çıkarılan hisse senetlerini indirimli olarak satın almalarına izin vererek, satın alan şirketin mülkiyet payının seyreltilmesine neden olur.

Zehir hapı terimi, satın alan bir şirket tarafından olası bir düşmanca devralmayı önlemek veya caydırmak için bir hedef firma tarafından kullanılan bir savunma stratejisini ifade eder. Potansiyel hedefler, potansiyel alıcıya daha az çekici görünmelerini sağlamak için bu taktiği kullanır. Zehir hapı stratejisinin temel amacı, hedefteki küçük şirketin basit şekilde ele geçirilmesine izin vermek yerine, alıcıyı müzakere masasına gelmeye zorlamaktır. Şirket birleşmeleri her ne kadar çoğunlukla iki tarafın da rızası ile gerçekleşse de özellikle rekabetten hoşlanmayan ve büyüklüğüne ve gücüne inanan büyük şirketler, bazen düşmanca bir tavırla satın alma yoluna başvurabilirler. Bu durumda satın alınması planlanan küçük şirket, mevcut hissedarlara indirimli olarak ek hisse satın alma hakkı vererek satın alacak şirketin sahiplik payını etkili bir şekilde azaltmaya çalışır.

Zehir hapları, mevcut hissedarlara indirimli ek hisse satın alma hakkı vererek, düşman tarafın mülkiyet çıkarlarını etkili bir şekilde sulandırır. Mekanizma azınlık hissedarlarını korur ve şirket yönetiminin kontrolünün değişmesini önler. Zehir hapı uygulamak, her zaman şirketin satın alınmak istemediğini göstermeyebilir. Bazen, satın alma için daha yüksek bir değerleme veya daha uygun koşullar elde etmek için de kullanılabilirler. Bunun yanı sıra ciddi dezavantajları da vardır. Örneğin hisse senedi değerleri düşmeye başlarsa hissedarlar genellikle dengeyi sağlamak için yeni hisseler satın almak zorunda kalırlar. Düşmanca olmayan şekilde birleşme teklif etmeyi düşünen şirketler için ters tepen bir strateji haline de dönüşebilir. Çünkü kurumsal yatırımcılar agresif savunmaları olan şirketleri satın almak istemezler. Son olarak etkisiz yöneticiler zehirli haplarla yerlerinde kalmaya devam edebilirler.

İki tür zehir hapı stratejisi vardır: **Flip-in** ve **Flip-over** zehir hapları.

Flip-in zehirli hapı stratejisi, satın alan dışındaki hissedarların indirimli ek hisse satın almalarına izin vermeyi içerir. Ek hisse satın almak, hissedarlara anında kâr sağlasa da uygulama, devralan şirket tarafından hâlihazırda satın alınan sınırlı sayıda hissenin değerini sulandırır. Bu satın alma hakkı, devralma kesinleşmeden önce hissedarlara verilir ve genellikle devralan, hedef şirketin hisselerinin belirli bir yüzdesini biriktirdiğinde filp-in zehir hapı tetiklenir. Diyelim ki, alıcı, hedef şirketin hisselerinin %30'unu satın aldığında bir flip-in zehirli hap planı tetikleniyor. Bir kez tetiklendiğinde, edinen hariç her hissedar, indirimli oranda yeni hisse satın alma hakkına sahip olur. Ek hisse satın alan hissedarların sayısı arttıkça, devralan şirketin çıkarları daha fazla sulanır. Bu, teklifin maliyetini çok daha yüksek hale getirir. Piyasaya yeni paylar çıktıkça, edinen tarafından sahip olunan hisselerin değeri düşer, edinenin mülkiyet yüzdesi düşer ve bu da devralma girişimini daha pahalı ve daha zor hale getirir. Bu sayede edinen şirketin hedeften vazgeçmesi öngörülür. Ek hisse senedi satın alma hakları, yalnızca potansiyel bir devralmadan önce ve devralacak şirket, ödenmemiş hisseleri elde etmek için belirli bir eşik noktasını aştığında (tipik olarak %20 ila %50 arasında) ortaya çıkar.

Flip-in zehir hapları sadece devralmadan önce şirket tüzüğünde yer alıyorsa kullanılabilir. Devralma işlemi resmileştikten sonra şirket tüzüğünde değişiklik yapılarak flip-in zehir hapı stratejisi kullanılamaz. Ayrıca her ne kadar tüzükte böyle bir madde olsa da bir flip-in zehir hapı uygulamaya konduğunda, devralan konumundaki şirket için yasal yollar açıktır ve eğer mahkemeye giderse ve kazanırsa kendisine mahkeme tarafından hisseleri indirimli fiyattan alma hakkı da tanınabilir.

Flip-over zehir hapı stratejisi, düşmanca devralma girişimi başarılı olursa, hedef şirketin hissedarlarının devralan şirketin hisselerini çok indirimli bir fiyata satın almalarını sağlar. Örneğin, hedef şirket hissedarı, edinen şirketin hisselerini bire iki oranında satın alma hakkını kazanabilir ve böylece devralan şirketin öz sermayesini sulandırabilir. Edinen işletme, satın alma sonrasında bir değer seyreltmesi algılarsa, bu tür satın almalara devam etmekten kaçınabilir. Bu da flip-over zehir hapının işe yaradığını gösterir.

Yakın zamanda gerçekleşen bir zehir hapı stratejisi uygulaması dikkat çekicidir. 2012'de Netflix, yatırımcı Carl Icahn'ın %10 hisse satın almasından birkaç gün sonra yönetim kurulu tarafından bir hissedar hakları planının kabul edildiğini duyurdu. Yeni plan, %10 veya daha fazla herhangi bir yeni devralma ile herhangi bir Netflix birleşme, satış veya varlıkların %50'sinden fazlasının devrinin, mevcut hissedarların bir hisse fiyatına iki hisse satın almasına izin vermesini şart koşuyordu. Bu plan bir zehir hapı stratejisidir.

Hangi çeşit olursa olsun bir zehir hapı, bir şirket için hem iyi hem de kötü bir strateji olabilir. Genel olarak, bir zehir hapı, hedef firmayı daha az çekici hale getirdiğinden, düşmanca bir ele geçirmeyi önlemede çok etkili bir savunma taktiğidir. Bir zehir hapı bir şirketin hisselerini, devralan bir firma için elverişsiz hale getirebilir ve firmayı satın alma maliyetini artırabilir. Bu, bir şirketi uzak tutmak için faydalı olabilir ancak diğer yatırımcıları caydırabileceği için şirkete de zarar verebilir.

KÖPEKBALIĞI KOVUCULARI

Bir başka korunma stratejisi ise *yanmış topraktır.* Buna göre hedefteki küçük şirket, kendisini cazip olmaktan uzaklaştıracak ve kurumsal görünümünü bozarak hedefin alıcı için daha az çekici görünmesini sağlayacak bazı faaliyetler gerçekleştirir. Varlıklarını satabilir, ek borçlanmaya gidebilir, yöneticilerine oldukça fazla ödeme yaparak varlık satışını ve ek borçlanmayı haklı çıkarmaya çalışabilir. Genellikle köprüden önceki son çıkış stratejisidir. Başvurulacak son çare olan bu strateji işe yarar ve düşmanca devralma gerçekleşmezse, küçük şirketin istediği olmuş olsa da stratejik olarak satılan varlıklar ve yapılan ek borçlanmalar küçük şirketi daha zor durumlara sokabilir.

Küçük balıklar için son bir strateji daha mümkündür. Aslında bir savaş stratejisi olsa da iş hayatında kullanılabilir olması şaşırtıcı değildir. Nihayetinde günümüzde savaşlar er meydanlarında değil muhasebe kayıtlarında yaşanmaktadır. Bahsettiğimiz strateji *yanmış toprak stratejisidir.* Bu strateji, savunma pozisyonunda bulunan ve özellikle kendilerinden daha güçlü kuvvet unsurlarıyla karşı karşıya kalmış ordular için yer yer tercih edilmiş bir askeri manevradır. Amaç, düşmanın işine yarayabilecek her şeyi yakıp yıkmaktır. Eğer savaşı kaybedeceğinizi düşünüyorsanız, daha fazla asker kaybetmeden düşmanın atlarının otlayabileceği meraları yakın, askerlerinin barınabileceği her çatıyı yıkın ve onlara bir harabe bırakın. Eğer ekonomik savaşı kaybetmek ve düşmanca devralınmak üzere olan küçük balıksanız, agresif bir strateji geliştirin ve büyük balık için çekici görünmenizi engelleyin. Değerli varlıklarınızı satın, borç dağlarınızı görmezden gelin ama karşı tarafın gözüne sokun, *altın paraşütleri* açın. Altın paraşütler, kilit yöneticilerle yapılan sözleşmelerdir. Şirketin başka bir firma tarafından devralınması durumunda üst düzey yöneticilere sağlanan önemli menfaatlerin iptal edilmesi ve hatta birleşme veya devralma sonucunda yöneticilerin işine son verilmesini ifade eden bir kavramdır.

Eğer devralma gerçekleşirse işini kaybetme durumuyla karşı karşıya gelecek üst düzey yöneticilere ödenmesi sözleşmeye bağlanan çok büyük tazminatlar ortaya koyun. Altın paraşütler, nakit, özel ikramiye, hisse senedi opsiyonları veya önceden verilmiş tazminatın hak edilmesi şeklinde kıdem tazminatını içerebilir.

Düşmanca devralmalara ilişkin bir diğer strateji *yeşil mesaj* stratejisidir. Yeşil mesaj, bir şirketin düşmanca bir devralma tehdidinde hissedecek kadar hisse senedinin satın alındığı durumda uygulanabilecek bir stratejidir.

Bir yeşil mesajcı bir şirketin önemli ölçüde bir hisse senedini satın alır. Hedef şirket, hisselerini yeşil mesajcıdan bir primle geri satın alarak devralma girişimine direnebilir. Birleşme ve satın almalarla ilgili olarak, şirket devralma teklifini durdurmak için savunma önlemi olarak bir yeşil mesaj ödemesi yapar. Hedef şirket, devralmayı engellemek için hisse senedini önemli bir primle geri satın almalıdır, bu da yeşil mesaj için önemli bir kârla sonuçlanır. Eleştirmenler, yeşil mesajı gasp etmeye benzer yağmacı bir uygulama olarak görürler ancak yeşil mesaj, hissedarlar arasındaki anlaşmazlıklara serbest piyasa çözümü olarak savunulabilir. Bir diğer ifadeyle düşmanca bir satın alma ile karşı karşıya kalan bir hedef şirket, kendi hisselerinin bir yeşil mesajcı tarafından satın alınmasını sağlar ve daha sonra bu hisseleri yeşil mesajcıdan bir prim karşılığında geri alır. Bu stratejiye göre, hisse satın alan yeşil mesajcı, şirketin faaliyetlerine hissedar olarak katılma niyetinde değildir. Amacı sadece prim elde etmek ve kâr yapmaktır. Bazı yeşil mesaj biçimleri hissedarlar arasındaki gerçek anlaşmazlıklara karşı bir çeşit serbest piyasa çözümü olarak görülebilir.

Yeşil mesaja ait en iyi örneklerden biri Sir James Goldsmith'in Goodyear Tire and Rubber Company'ye yönelik yeşil mesajcı olarak hareket etmesidir. 1980'lerde kötü şöhretli bir şirket yağmacısı olarak bilinen Goldsmith, sadece iki ay süren Goodyear baskınından 93 milyon dolar kazanmıştır. Ekim 1986'da Goldsmith, Goodyear'ın %11,5 hissesini hisse başına ortalama 42 dolar maliyetle satın almış ve ardından 50$ fiyatla 40 milyon hisseyi şirkete geri satmıştır. Bu işlem şirkete 2,9 milyar dolara mal olmuş ve Goodyear'ın hisse fiyatı, geri alımın hemen ardından 42 dolara düşmüştür.

Pac-Man

Pac-Man savunması, düşmanca bir devralma durumunda hedeflenen bir firma tarafından kullanılan bir savunma taktiğidir. Bir Pac-Man savunmasında, hedef firma daha sonra düşmanca bir devralma girişiminde bulunan şirketi satın almaya çalışır. Pac-Man savunmasıyla, düşmanca bir devralma senaryosunda hedef alınan bir şirket, durumun mali kontrolünü ele geçirmeye çalışarak savaşır. Hedeflenen şirket, onları potansiyel satın alma şirketinden kurtarmak için belirli kilit varlıkları satmayı seçebilir. Hedeflenen şirket, düşman şirketten kendi hisselerinin bir kısmını geri almayı veya o şirketin hisselerinin bir kısmını satın almayı seçebilir. Devralma tehlikesi altındaki şirket, bu eylemleri dış finansman sağlayarak veya kendi mevcut fonlarından oluşan savaş sandığını kullanarak finanse edebilir.

Hedeflenen şirketin bir *savaş sandığına* sahip olması önemli ölçüde yardımcı olur, böylece bir Pac-Man savunması kurma araçlarına sahip olur. Bir şirketin savaş sandığı, şirketin devralınma tehdidi gibi belirsiz olumsuz olaylar için bir kenara bırakılan nakit tamponudur. Bir savaş sandığı tipik olarak, talep üzerine temin edilebilen hazine bonoları ve banka mevduatları gibi likit varlıklara yatırılır. Bazı şirketler için, Pac-Man savunması, düşmanca bir devralma girişimiyle karşı karşıya kalındığında mevcut birkaç seçenekten biridir. Sonuçta agresifleşmeden ve savaşmadan şirketin hayatta kalma şansı olmayabilir. Bununla birlikte Pac-Man savunmasının olumsuz tarafı, hedef şirket için borçları artırabilecek pahalı bir strateji olabilmesidir. Hissedarlar, gelecek yıllarda zarar görebilir veya daha düşük temettüler alabilir.

Pac-Man stratejisine ait bilinen örneklerden biri 1982'de Bendix Corp., hisselerinin büyük bir kısmını satın alarak Martin Marietta'yı satın almaya çalışmasıdır. Bendix, şirketin kâğıt üzerinde sahibi olmuştur. Ancak Martin Marietta'nın yönetimi, kimyasal, çimento ve alüminyum bölümlerini satarak ve satın almaya karşı koymak için 1 milyar doların üzerinde borç alarak misilleme yapmıştır. Çatışma, Allied Corp.'un Bendix'i satın almasıyla sonuçlanmıştır.

Bir diğer örnek E-II Holdings Inc. ve American Brands Inc. arasında gerçekleşen devralma savaşıdır. Şubat 1988'de, E-II Holdings Inc.'in American Brands Inc.'e teklif vermesiyle başlayan bir aylık devralma mücadelesinin ardından American Brands, E-II'yi 2,7 milyar dolara satın almıştır. American Brands, birleşmeyi mevcut kredi limitleri ve ticari senetlerin özel yerleşimi yoluyla finanse etmiştir.

Son olarak, Ekim 2013'te Jos. A. Bank, rakip Men's Wearhouse'u devralmak için bir teklif başlatmıştır. Men's Wearhouse teklifi reddederek kendi teklifleriyle karşılık vermiş ve Men's Wearhouse, Jos. A. Bank'ı 1,8 milyar dolara satın almıştır.

Bu örneklere bakıldığında ister istemez "ava giderken avlanmak budur işte" diyesim geldi.

KRALİYET MÜCEVHERİ

Bu savunma stratejisinde şirketin tüzüğünün bir hükmünün, düşmanca bir devralma varsa en değerli varlıkların satışını sağlamasını gerektirir ve böylece devralma fırsatı olarak daha az çekici hale gelir. Bu genellikle son savunma hatlarından biri olarak kabul edilir.

Bir şirket, kraliyet mücevherleri olarak da bilinen en değerli varlıklarını, devralan şirkete daha az çekici görünmesini sağlamak için sattığında kraliyet mücevheri savunmasını yürütür. Bir şirketin kraliyet mücevherleri genellikle en çok gelir getiren varlıklarıdır.

Kraliyet mücevheri savunmasını yürürlüğe koymak için hedef şirket, varlıklarını beyaz bir şövalyeye satar. Kara şövalyelere nazaran beyaz şövalyeler bir şirketi daha uygun koşullarla satın alan üçüncü bir taraftır. Bu teknikte, beyaz şövalye tipik olarak, düşmanca devralma sona erdikten sonra varlıkları hedef şirkete geri satmayı kabul eder.

SİLAHŞORLAR

Silahşor agresif bir portföy yöneticisi için kullanılan argo bir terimdir. Silahşor, büyük getiriler elde etmek için genellikle yüksek riskli yatırım teknikleri kullanır. Silahşorlar, bir hisse senedinin altında yatan şirketin uzun vadeli değerini düşünmek yerine, hisse senedinin momentumuna bakar ve hisse senedi fiyatındaki keskin hareketlere dayalı kısa vadeli işlemlerden yararlanmaya çalışır.

Genellikle sadece kısa bir süre için pozisyonları elinde tutan silahşorlar, nispeten hızlı zaman dilimlerinde aşırı kayıplara da neden olabilir. Silahşor, maksimum getiri elde etmek için yüksek riskli yatırım tekniklerini kullanan agresif bir portföy yöneticisidir. Silahşorlar hisse senedi fiyatlarında, kazançlarda veya gelirde beklenen bir hızlanma ararlar. Piyasadaki keskin hareketlerden yararlanmak için agresif bir pozisyon alırlar. Silahşorlar, getirilerini artırmak için kaldıraç ve marj kullanır.

Silahşorlar nadiren uzun süreli bir hisse senedi tutarlar. Boğa piyasalarında yüksek kâr elde etme eğilimindedirler ancak ayı piyasalarında kayıpları ortalamanın üzerindedir. Bu düzeyde risk alma bazen yüksek ödüllerle sonuçlanabilir ancak genel portföy kayıpları genellikle ka-

zançlardan daha ağır basar. Pek çok yatırımcı, bir silah-
şorun tüm portföyünü yönetmesini izlemek için gereken
risk toleransına sahip değildir. Yatırımcılar, risk sermaye-
lerinin küçük bir yüzdesini bir silahşor tarafından yöneti-
len bir fona koyabilirler.

Yatırım yöneticisi Fred Alger, 1960'ların boğa piyasa-
sında bir silahşor olarak görülüyordu.

Silahşorlar genellikle bir tür piyasa zamanlaması
ile meşgul olurlar. Piyasa zamanlaması, teknik gösterge-
ler veya ekonomik veriler gibi tahmin odaklı yöntemle-
re dayalı olarak piyasaya girip çıkma veya varlık sınıfları
arasında geçiş yapma eylemidir. Hisse senedi piyasasının
gelecekteki yönünü tahmin etmek son derece zor olduğu
için, piyasayı zamanlamaya çalışan yatırımcılar, özellikle
yatırım fonu yatırımcıları, yatırımı devam eden yatırım-
cılardan daha düşük performans gösterme eğilimindedir.

Bazı yatırımcılar, özellikle akademisyenler, piyasayı
zamanlamanın imkânsız olduğuna inanırlar. Diğer yatı-
rımcılar, özellikle aktif yatırımcılar, piyasa zamanlaması-
na kuvvetle inanırlar. Bu nedenle, piyasa zamanlamasının
mümkün olup olmadığı bir görüş meselesidir. Kesin ola-
rak söylenebilecek olan şey, piyasayı uzun vadede tutarlı
ve başarılı bir şekilde zamanlamanın çok zor olduğudur.
Piyasayı günlük olarak izlemek için zamanı veya arzusu
olmayan ortalama bir yatırımcının, piyasa zamanlama-
sından kaçınmak ve uzun vadede yatırım yapmaya odak-
lanmak için haklı sebepleri vardır.

SON SÖZ VE TEŞEKKÜR

Finans ve ekonomi literatüründe çok sayıda yeni kavrama rastlamak mümkün. Astrofinans, genoekonomi, nörofinans derken en son duyduğum kavram ekonofizik oldu. Artık hiçbir şey eskisi gibi değil. İnsanlar diğer insanların davranışlarını takip etmek zorunda olduklarını artık biliyorlar. Aksi takdirde çok geride kalacaklarını ve sadece gidenleri izlemek zorunda olacaklarını nihayet fark ettiler.

İster olaya genetik açıdan bakın ve risk almadaki korkaklığınızın suçunu genlerinize atın, ister olaya nörofinans açısından yaklaşın ve ödül-ceza ikilemindeki "yanlı davranışlarınızın" kabahatini nöronlarınızda arayın. Gezegenlerin birbiriyle ilişkisi nedeniyle borsada kaybetmiş olduğunuza kendinizi ikna etmiş bile olabilirsiniz. Hatta belki de portföyünüzdeki varlıkların değer düşüşünün sebebini yer çekimi kuvvetinde aradınız. En nihayetinde hepsinde davranışlarınızın sebebini aradınız farkına varmadan. Ancak elinizdeki kitap sizi bu kadar zahmete girmekten kurtardı ve size şunu söyledi: *hatalı sonuçların sebebi hatalı davranışlardır, hatalı davranışların sebebi ise hayvansal güdülerdir.* Böylece tüm hataların sorumluluğunu "evrime" atıp kendinizi olaydan soyutlamayı başardınız. Tebrikler.

Okuduğunuz bu kitabı yazmak çok uzun sürdü. Bir gün bilgisayarımdaki word dosyasını kapattım ve tekrar açabilmem için yaklaşık 14 ay geçmesi gerekti. Çünkü o gün, bu kitabı atfettiğim sevgili babacığımın cennete gitmek için yola çıktığını öğrendim. Ardından geçen zamanda yazmaya değil ama okumaya devam etmeyi başardım. Bu dönemde destek ve sevgilerini esirgemeyen çok insan vardı hayatımda. Sevgili kardeşim Nihan TOMRİS KÜÇÜN hem bana hem de kitaba büyük katkılar sağladı. Minnettarım... Ayrıca çalışma arkadaşlarım Hatice ER,

Serap YILDIRIM GEREN ve Kader EROL başta olmak üzere hep yanımda olan tüm çalışma arkadaşlarıma teşekkürü borç bilirim.

En büyük teşekkürü ise sevgili ablalarım Neriman ile Sacide, sevgili annem Nigâr ve varlığında güven duyduğum sevgili Zeki BAYKAL hak ediyor sanırım. Hepsine sevgilerimi sunuyorum.

Bir diğer teşekkürüm sevgili yeğenim Neslişah TOMBAK'a geliyor. Kitabın içinde gördüğünüz bütün hayvan resimleri sevgili yeğenim tarafından çizildi. Bir sonraki kitabı müzikli yaparsak piyanosuyla eşlik edeceğinden eminim.

Genel itibariyle yılların birikimi, okunan kitaplar, araştırılan makaleler, incelenen internet siteleri ve en çok da izlenen belgesellerden esinlenerek yazılmış bir kitap okudunuz. Borsa ve ekonominin genelindeki bazı kavramlara analojik bir yaklaşım içeren bu kitabın ortaya çıkışında emeği geçen tüm kitap, makale ve içerik yazarlarına, belgesel yayıncılarına ve tüm hayvan dostlarımıza teşekkür ederim.

KAYNAKÇA

Abraham, A. (2013). Realities of Turtle Trading: Become a Market Wizard (Trend Following Mentor). CreateSpace Independent Publishing Platform.

Akerlof, G. A., & Shiller, R. J. (2010). Animal Spirits: How Human Psychology Drives the Economy, and Why It Matters for Global Capitalism (Revised ed.). Princeton University Press.

Aven, T. (2015). Risk Analysis (2nd ed.). Wiley.

Belfort, J. (2013). The Wolf of Wall Street[WOLF OF WALL STREET][Paperback]. Bantam.

Covel, M. (2022). The Complete Turtle Trader: The Legend, the Lessons, the Results. Collins.

Dammers, Richard H. (1982). Richard Steele. Boston: Twayne Publishers.

Erol, K. (2021). Şifa Seyahatlerinden Covid19'dan Kaçmaya Kadar Sağlık Turizmi. Halk Kültüründe Sağlık. Editör; Prof. Dr. Ömür Ceylan. Motif Vakfı Yayınları. 583-597

Gordon, M. J. (1960). Security and a Financial Theory of Investment. The Quarterly Journal of Economics, 74(3), 472. https://doi.org/10.2307/1883062

Hossain, H., & Kader, M. A. (2020). An Analysis on BCG Growth Sharing Matrix. International Journal of Contemporary Research and Review, 11(10). https://doi.org/10.15520/ijcrr.v11i10.848

http://www.wolfewave.com

Jones, P. M., Belfort, J., Jones, P. B. S. T. W. E. M., 978–1989025000, Belfort, W. O. T. W. B. J., 978–1501164309, Belfort, T. W. O. W. S. B. J., & 978–0553384772. (2022). Exactly What to Say, Way of the Wolf, The Wolf of Wall Street Collection 3 Books Set. Page Two/John Murray Learning/Two Roads.

Karlsson, N., Seppi, D. J., & Loewenstein, G. F. (2005). The "Ostrich Effect": Selective Attention to Information about Investments. SSRN Electronic Journal. https://doi.org/10.2139/ssrn.772125

Lintner, J. (1962). Dividends, Earnings, Leverage, Stock Prices and the Supply of Capital to Corporations. The Review of Economics and Statistics, 44(3), 243. https://doi.org/10.2307/1926397

Lorenz, E. N. (1963). Deterministic Nonperiodic Flow. Journal of the Atmospheric Sciences, 20(2), 130–141. https://doi.org/10.1175/1520-0469(1963)020

Novak, Maximillian E. Daniel Defoe: Master of Fictions: His Life and Works. Oxford University Press, 2003.

Odlyzko, Andrew. "Isaac Newton, Daniel Defoe and the Dynamics of Financial Bubbles." Financial History: The Magazine of the Museum of American Finance, 2018, pp. 18–21.

Reed, Christopher. "The Damn'd South Sea." Harvard Magazine, 1999.

Shea, G. S. (2006). Financial Market Analysis Can Go Mad (in the Search for Irrational Behaviour During the South Sea Bubble). SSRN Electronic Journal. https://doi.org/10.2139/ssrn.779025

Sill, G. (2005). The Political History of the Devil by Daniel Defoe. The Scriblerian and the Kit-Cats, 38(1), 117–119. https://doi.org/10.1353/scb.2005.0057

Taleb, N. N. (2022). The Black Swan: The Impact of the Highly Improbable by Taleb, Nassim Nicholas (2011) Hardcover. Allen Lane.

Tobback, E., Nardelli, S., & Martens, D. (2017). Between Hawks and Doves: Measuring Central Bank Communication. SSRN Electronic Journal. https://doi.org/10.2139/ssrn.2997481

Walsh, Patrick. "Writing the History of the Financial Crisis: Lessons from the South Sea Bubble." Working Papers in History and Policy: University College Dublin, 2012.

www.tradingview.com

https://www.dolphin-therapy.org/